LA BARONNE ET LE BANDIT.

PAR RABAN.

Tome Deuxième.

Paris.

DEPÉLAFOL, LIBRAIRE-ÉDITEUR,
Rue Git-le-Cœur, n. 4.

1833.

LA BARONNE

ET

LE BANDIT.

IMPRIMERIE DE P. BAUDOUIN,
Rue et hôtel Mignon, n. 2.

LA
BARONNE
ET
LE BANDIT.

PAR RABAN.

Tome Second.

PARIS.
DEPÉLAFOL, LIBRAIRE-ÉDITEUR,
Rue Git-le-Cœur, n. 4.

1833.

LA BARONNE
ET LE BANDIT.

CHAPITRE PREMIER.

Le Désespoir.

La position de Victor était affreuse ; il passa bientôt du chagrin le plus profond au plus violent déespoir; puis, comme ces situations extrêmes ne peuvent avoir de durée, il reprit peu à peu quelque calme, il devint capable de reunir quelques idées : il se dit que jeune, instruit, plein de santé et de vigueur, ce serait une lâcheté que de désespérer de l'avenir; il pensa à tant de pauvres diables entrés dans la vie dépourvus de presque tous ses avantages, et qui cependant, à force de persévérance, de travail, d'industrie, parvenaient à se faire une situation très-supportable.

Il avait encore quelques louis

dans sa bourse, et c'était tout ce qui lui restait de sa grandeur passée, car toutes les propriétés mobilières et immobilières de son père étaient saisies; plusieurs avaient été vendues, et il était évident que le produit de tout serait insuffisant pour combler le déficit que, selon les ministres, le fournisseur Plantard avait laissé.

— Après tout, se dit Victor, si mon père, qui bien certainement n'était pas un aigle, avait acquis une fortune considérable, pourquoi, avec plus de capacité, n'atteindrais-je pas au même but? Il s'agit de traqu'un homme qui n'a pas d'argent ne représente absolument rien... Ce qui prouve évidemment que la Charte est un chef-d'œuvre, et que tous les électeurs sont des gens d'esprit... C'est là de la logique constitutionnelle, et je vous la donne pour ce qu'elle vaut.

Lorsque Victor s'aperçut qu'il n'était rien, absolument rien, pas même la millième partie d'un électeur à deux cents francs, il cessa de réfléchir, attendu que les meilleures réflexions n'emplissent ni la bourse ni l'estomac; il se mit en quête d'un emploi, et vendit sa montre pour se faire annoncer dans les petites affiches. Dès le lendemain, une escouade de maîtres fripons, se disant chefs de bureaux de placement, lui tomba sur les bras.

— Monsieur, vous demandez un emploi?

— Oui, monsieur.

Alors vous pouvez verser un cautionnement?

— Non, monsieur.

— Ah! diable! tant pis, le cautionnement, mon cher monsieur, est la pierre fondamentale...

— Mais ce n'est pas mon argent que je veux placer; c'est ma personne.

— Sans doute, sans doute, je comprends parfaitement; mais par le temps qui court, l'un aide singulièrement à placer l'autre... Cependant, si vous voulez payer l'enregistrement, je ferai en sorte de trouver votre affaire.

— L'enregistrement de quoi?

— L'enregistrement de votre estimable personne... Mon bureau est, j'ose le dire, honorablement connu… cela ne vous coûtera que dix francs.

Victor donna dix francs, et il fut enregistré; et comme il n'avait tiré de sa montre qu'un peu plus de cent francs, et qu'il s'avisa de se faire enregistrer dans dix bureaux différens, afin d'obtenir un prompt résultat, il se trouva de nouveau sans pain. En vain courut-il chez tous ces honnêtes enregistreurs pour stimuler leur zèle; partout même réponse : on lui fit voir son nom couché en grosses lettres entre ceux de quelques laquais sans condition et de plusieurs femmes de chambre disponibles, sur des registres très-bien conditionnés ; c'était jusque-là tout ce que l'on avait pu faire pour ses dix francs. Victor était vif; il s'emporta, menaça : mais à tout cela on répondit par des promesses ou de très-bonnes raisons.

— J'ai trente places à vous offrir ; mais il faut des capacités : que savez-vous ?

— Je sais le latin, un peu de grec, les mathématiques, mon écriture est belle, et je dessine passablement...

— Le latin, le grec... que diable

voulez-vous que l'on fasse de ça dans un bureau de placement?... Si vous saviez seulement frotter, panser les chevaux, servir à table...

— Insolent! me prenez-vous pour un laquais?

— Mon Dieu! il n'y a point de sot métier; il y a à Paris dix mille pauvre diables qui savent tout ce que vous savez et qui meurent de faim... Tenez, voici un député du centre qui demande un valet de chambre; il n'est pas exigeant; ça vous conviendrait parfaitement.

— Allez au diable!

— Vous-voyez donc bien qu'il n'y a pas de ma faute.

Victor était furieux; il regrettait bien vivement l'argent de sa montre, et il dîna ce jour là aux dépends de ses chemises. Au bout d'un mois, il était dans le plus affreux dénuement; il n'avait pas mangé depuis la veille, lorsque la maîtresse du modeste hôtel garni où il logeait entra dans sa chambre.

— Monsieur, votre mois est échu hier, et comme vous n'avez pas de malle.....

— Je sais, madame..... J'espère

vous satisfaire dans quelques jours.

—. A la bonne heure, mais l'espérance ça n'est pas de l'argent; on ne paie pas les impositions avec cette monnaie-là.. ce qui fait que, à compter d'aujourd'hui, vous pouvez chercher gîte ailleurs.

— Cela suffit, madame.

Et le pauvre Victor fit des efforts incroyables pour refouler les larmes de rage et de désespoir qu'il sentait rouler dans ses yeux. Il se leva et sortit. Il faisait froid; une pluie glaciale tombait par torrent, et le jeune homme, dévoré par la fièvre et le besoin, marchait au hasard, ne sachant à qui s'adresser, et incapable de penser, tant il souffrait. Il sortit de Paris sans s'en apercevoir, et ne s'arrêta que lorsque ses forces épuisées ne lui permirent plus de faire un pas. Il se trouvait alors au milieu d'un village; après s'être reposé quelques instans, il se dit qu'il devait y avoir plus d'humanité au village qu'à la ville, et poussé par l'horrible nécessité, il entra dans une ferme près de laquelle il se trouvait.

— J'ai faim, monsieur, dit-il au maître; obligez-moi de me donner un peu de pain et un asile pour cette nuit.

— Joli métier que tu fais-là, mon garçon!... C'est-y pas honteux!... à c't'âge-là... grand et fort... Va donc travailler, *faignant!*...

— Oh! je ne demande pas mieux; oui, je travaillerai, je ferai tout ce que vous voudrez, et je tâcherai que ma bonne volonté me fasse pardonner mon inexpérience.

— Eh ben! pisque tu veux travailler, cherche de l'ouvrage.

— Mais si vous refusez de m'occuper, je serai mort de faim avant d'en avoir trouvé.

— Laisse donc tranquille ! Est-ce que nous sommes des jobards à donner là d'dans ?... Tu r'passeras, cadet ! j'connaissons l'tour... Allons, circule, ou gare les coups d'fouet !...

Le désespoir du jeune Plantard était au comble ; bien certainement il eût à l'instant même mis un terme à sa misérable existence, s'il en eût eu les moyens. Exaspéré, le visage en feu, les dents serrées, il se présenta, sans plus de succès, à la porte de dix habitations ; puis, la rage ranimant un peu ses forces, il se mit à courir vers Paris, bien résolu à se jeter à la rivière.

La nuit vint, Victor, qui faisait des efforts inouïs pour avancer, sentit ses jambes se raidir; il était encore loin de la capitale lorsqu'il tomba sur le revers d'un fossé et perdit connaissance.

Plus d'une heure s'écoula; le repos et le froid finirent par rendre à Victor l'usage de ses sens; mais ce fut en vain qu'il tenta de se lever; sa faiblesse était trop grande pour qu'il pût se tenir debout : seulement il parvint à se traîner au pied d'un arbre sur un tertre de gazon, et bientôt un sommeil profond mit à ses souffrances un terme momentané.

Ne trouvez-vous pas, lecteur estimable, que c'est un admirable pays, que celui où il n'est permis de marcher, de respirer, de dormir qu'autant que l'on a dans son gousset de bons écus frappés au coin du prince et ayant cours légal ? N'est-il pas merveilleux qu'un homme ne puisse s'étendre sur la terre et fermer les yeux sans que l'autorité s'enquière aussitôt du pourquoi et du comment?... Eh bien! ce pays là, mon cher ami, est précisément celui où nous avons le bonheur de vivre, nous autres Français, si fiers de nos droits et de notre liberté!.. Vous êtes libres, cela est écrit, cela est certain, personne ne le conteste; vous êtes excessivement libres; mais ne vous avisez pas de dormir à la belle étoile, si vous ne voulez pas aller achever votre somme en prison

— Mais, direz-vous, si je n'ai pas d'argent?

— Raison de plus pour aller en prison : n'avoir point d'argent est un délit d'après nos exellentes lois à nous, peuple libre, éminemment libre; n'avoir point d'argent et en demander très poliment à ceux qui en ont, cela constitue un autre délit; enfin, n'avoir point d'argent, et essayer de s'en passer est un troisième délit infiniment plus grand que les deux autres..... Il est vrai que les gens qui fabriquent ces sublimes lois ne manquent jamais d'argent, et que pour n'être pas obligés d'en demander, ils en prennent sans façon dans les poches des contribuables, ce qui vous prouve jusqu'à l'évidence qu'on est bien heureux d'être législateur, que la liberté individuelle est une chose excellente, et que le Code pénal est une admirable invention.

D'après cela, il est aisé de comprendre que Victor Plantard, que nous avons laissé endormi, était, en ce moment même, un grand criminel. Quant à lui, pauvre garçon, n'ayant fait de mal à personne, il se croyait fort innocent, et déjà réveillé par le froid, il cherchait à se rendormir, lorsqu'une patrouille de bons gendarmes, qui se promenait extra-muros dans l'intérêt des bonnes mœurs, et aussi pour empêcher qu'il fût porté atteinte à la caisse de l'Octroi, lors, dis-je, que l'une de ces patrouilles, qui sont encore d'admirables choses composées d'admirables machines, arriva juste au lieu où reposait le jeune homme.

— Halte! cria le brigadier. Puis s'adressant à Victor.

— Que faites-vous ici?

— Cela est facile à voir; je me repose.

— Vous êtes donc sans asile?

— Malheureusement oui.

— Il n'en coûte pourtant pas

cher pour coucher dans un lit.

— Je ne possède pas un sou.

— Oh! oh! ceci se complique.

— Cela est au contraire fort simple : je ne serais pas ici si les personnes auxquelles je me suis adressé eussent été charitables.

— Ah ! ah ! voilà bien autre chose... Vagabondage, mendicité...

UN GENDARME.

Et il trouve cela tout simple encore!... Six mois de prison, cinq ans de surveillance... il est joliment bon là le camarade.

VICTOR.

Que dites-vous donc? Je n'ai fait de mal à personne, et n'ai commis aucun crime...

LE BRIGADIER.

Bon, bon! nous connaissons les couleurs... D'ailleurs la loi est là, et en route.

VICTOR.

Messieurs, vous êtes bien certainement dans l'erreur : je suis pauvre, c'est là tout mon crime...

UN GENDARME.

Eh bien! qui est-ce qui lui dit le contraire?...

C'est justement ça, mon garçon : tu n'as pas le sou, et alors six mois de prison, cinq ans de surveillance; ça ne sait pas où aller coucher, et ça croit n'avoir rien fait pour aller en prison.

Le jeune homme ne savait où il en était; il ne concevait rien aux paroles du gendarme; il se disposait à répliquer, mais le brigadier lui signifia l'ordre de marcher; et en même temps deux gendarmes le saisirent, lui mirent les poucettes, et le poussèrent devant eux.

On entra à Paris, et Victor fut déposé dans un corps-de-garde où il trouva de braves soldats qui lui donnèrent du pain et le laissèrent tranquillement dormir sur un lit de camp. L'infortuné rendait grâce à Dieu d'être tombé entre les mains des gendarmes.

CHAPITRE II.

Un Ami.

Du corps de garde à la prison, la transition est fort naturelle, quoique très-brusque ordinairement.

2.

C'est donc en prison qu'est maintenant Victor; il est là, le pauvre garçon, au milieu d'une bande de voleurs, d'assassins, de faussaires, etc., etc. Il y a bien aussi quelques scélérats, prévenus, comme lui, d'avoir été trouvés sans argent, ce qui, ainsi qu'on le sait, est le plus grand et le plus irrémissible des crimes dans notre pays, que quelques-uns appellent notre belle France... O farceurs!...

Victor eut d'abord beaucoup à souffrir; car la prison est un monde à part, un monde tout entier composé de gens qui n'ont presque rien conservé du nôtre; un monde dont la morale n'est pas notre morale, dont les mœurs ne sont pas nos mœurs, dont la civilisation marche sans s'inquiéter du préjugé, sans songer à ménager l'absurde; un monde plus horrible qu'on ne saurait l'imaginer, et par conséquent infiniment plus près de la perfection qu'on ne l'est ailleurs... Voilà, je le sais bien, une proposition fort étrange et mal sonnante. Rassurez-vous, méticuleux lecteurs, je ne la développerai point. Je reviens au jeune Plantard, qui se trouvait horriblement mal dans ce monde là, et qui, depuis vingt-quatre heures, cherchait vainement à qui parler au milieu de cette race maudite vivant sous les verroux pour avoir trop aimé la liberté. Les assassins le regardaient avec dédain, les voleurs lui riaient au nez, les faussaires le méprisaient, il faisait pitié aux filous ; personne enfin ne sympathisait avec cet homme, qui n'était point à la hauteur du plus mince escroc, et qui ne parlait point la langue du pays. Il est vrai que là, au moins, il mangeait et dormait sur la paille, ce qui n'est pas à dédaigner quand on a passé, au mois de décembre, une nuit à la belle étoile ; mais ces deux petites félicités ne pouvaient dédommager le jeune homme du défaut de société. Souffrir et ne pouvoir faire comprendre ses souffrances à personne, c'est souffrir mille fois; et il est moins horrible de vivre seul entre quatre murailles, que de vivre seul au milieu de plusieurs centaines d'individus.

Victor venait d'achever son deuxième pain noir, et il se promenait tristement dans la cour de la prison lorsque les ricannemens, les cris, les ignobles plaisanteries des autres prisonniers, annoncèrent un nouveau venu.

En effet, un grand gaillard, taillé en Hercule et les vêtemens en lambeaux, parut au milieu de la cour. Victor jeta machinalement les yeux sur lui, et reconnut avec surprise le fils du jardinier du château de Vernance. Il courut aussitôt à travers la foule, et saisissant la main du nouvel hôte de cette lugubre demeure :

— Eh! qu'as-tu donc fait, mon brave Julien, s'écria-t-il, pour mériter d'être jeté ici?

— Quoi! c'est vous, monsieur Victor?.. Ah! mon Dieu, est-il possible!...

— Très-possible, Julien. Je suis devenu pauvre, mon ami, très-pauvre....

— Pauvreté n'est pas vice.....

— C'est plus que cela, à ce qu'il paraît : pauvreté c'est crime; et à ce compte, je suis bien criminel.

Il paraît alors que nous sommes dans le même pétrin. Moi, depuis que j'ai quitté mon père que l'on a renvoyé du château parce qu'il ne pouvait plus travailler, j'ai vécu à Paris. Dieu merci, j'ai de bons bras et du cœur au ventre; l'ouvrage ne me fait pas peur : tout m'est bon, et pendant quelque temps je trouvai moyen de vivre et d'envoyer quelque chose à mon vieux père. Je travaillais comme terrassier : quarante-cinq sous par jour, c'est un beau denier ; je n'en mangeais que la moitié, et j'étais heureux comme le poisson dans l'eau ; mais une fois la belle saison passée, bernique ! plus d'ouvrage. D'abord j'ai mangé les quelques sous que j'avais en réserve ; puis après, il a fallu tirer au mur ; et comme je ne voulais pas m'endetter, et que l'hiver n'est pas trop dur, j'avais pris le parti d'échanger le lit de mon garni contre le gazon du bois de Boulogne. C'est là qu'ils m'ont arrêté, sous le prétexte que le domaine de l'état n'était pas fait pour me servir de chambre à coucher. Heureusement, j'ai fait savoir l'affaire à mon maître le terrasier, et il m'a écrit ce matin qu'il me réclamerait, ce qui m'évitera la prison, l'amende, et le diable et son train.

— Tant mieux, Julien; quant à moi, personne ne me réclamera, car je ne sais pas travailler.

— C'est fièrement malheureux tout de même!... Dire qu'il y a un an vous étiez si riche!... Mon père disait bien aussi que M. Planttard avait tort de vouloir en avoir davantage. On n'est jamais content, et on lâche un *tiens* pour deux *tu l'auras;* puis vient une anicroche qui bouscule tout le tremblement, et on est enfoncé.

— Justement, mon ami, c'est là mon histoire, et elle est pire que la tienne, comme tu vois.

— C'est-à-dire pourtant que la chose peut s'arranger : mon maître, M. Rigaud, est un brave homme, et si je l'en prie, il vous réclamera en même temps que moi... d'autant plus qu'il ne lui en coûtera pas davantage. Ah! si ça lui coûtait quelque chose, je ne dis pas; car le particulier est un peu dur à la desserre, surtout quand il gèle... Ainsi faites-moi l'amitié de lui écrire un mot, et ça sera une affaire bâclée.

— Mon cher Julien, cela mérite réflexion : que ferai-je quand je serai libre? Je ne suis pas terrassier, moi!....

— Bon! nous penserons à ça plus tard ; quand il y en a pour deux, il y en a pour trois, et tant que je pourrai travailler, vous ne coucherez pas à la belle étoile. Ecrivez toujours, et qui vivra verra.

Victor ne put résister à tant de bonhomie, et il écrivit, ce qui n'empêcha pas l'instruction d'avoir son cours, et trois mois s'écoulèrent avant que cette instruction fut achevée, tant cette belle et bonne chose que nous appelons justice est bien organisée en France! Trois mois, c'est peu, et il n'y avait certainement pas à se plaindre, car, dans la même prison, des prévenus attendaient depuis deux ans qu'on eût le loisir et la volonté de les juger.

— Ça dure bien long-temps, disait Julien; mais il n'y a pas grand mal; l'ouvrage est si rare l'hiver!...

Nous serons bien plus heureux au printemps! Avec du pain et de la paille on prend patience.

Victor écoutait ces singulières consolations, et il n'y répondait pas, de peur de décourager son ami. Enfin arriva le jour du jugement; tous deux furent réclamés par M. Rigaud, et mis en liberté.

Julien trouva de l'ouvrage dès le lendemain, car le beau temps était revenu.

—Soyez tranquille, monsieur Victor, dit l'honnête garçon, tant que l'ouvrage ira, vous ne manquerez de rien... Dame! vous n'aurez pas un aussi bon lit dans ma chambrée que celui que vous aviez au château, et l'ordinaire sera un peu mince; mais le nécessaire ne manquera pas, et avec un peu de temps vous pourrez trouver à utiliser vos talens.

Tristes talens! mon ami; que ne suis-je maçon!

Maçon! c'est un bon métier... Bah! il ne faut pas être si ambitieux: n'est pas maçon qui veut. Prenons le temps comme il vient, et ne nous inquiétons pas du reste.

Et en effet, Julien n'avait point souci de l'avenir; six mois de travail lui étaient assurés, et en cas de maladie, il avait un lit à l'hôpital.... N'ai-je pas raison de dire que nous vivons dans un admirable pays?

Tout allait autant bien que possible; seulement Victor ne trouvait point d'emploi, et regrettait chaque jour davantage de n'avoir point appris un métier. Julien le nourrissait, le logait et le consolait de son mieux; le brave ouvrier travaillait pour deux, et ses forces semblaient triplées. Victor, au contraire, était languissant, sombre; il désespérait de l'avenir, et roulait dans sa tête des projets de suicide. Les jours, les semaines, les mois s'écoulaient; l'été vint, la chaleur était accablante. Un jour du mois de juin, que Julien se trouvait plus fatigué que de coutume, il s'étendit, vers la fin de la journée, sur le gazon; une sueur abondante couvrait tout son corps; il s'endormit, et se réveilla avec une fièvre ardente; il revint près de Victor, passa une nuit affreuse, et se trouva, le lendemain, dans l'impossibilité de se rendre au travail. Que faire? Point d'argent, aucun moyen de s'en procurer. Une idée vint à Victor.

— Reste au lit, dit-il à son ami, je vais essayer de te remplacer.

Julien tenta vainement de lui faire abandonner ce projet; Victor prit la pelle et la pioche et partit. Le chef des travaux consentit dabord à l'employer, mais à peine le pauvre garçon eût-il manié la pioche pendant une heure, que d'énormes ampoules surgirent dans ses mains, et il lui fut impossible de continuer.

— Mon Dieu! s'écria-t-il dans son désespoir, anéantissez-moi donc, puisque je ne suis bon à rien sur cette terre !

Et pour se dérober aux reproches et aux lazzis des autres ouvriers, il s'enfuit emportant ses outils trop lourds pour sa faiblesse. Jamais son désespoir n'avait été si grand. Julien, le brave et honnête Julien, manquait de tout; et en récompense de tous les bienfaits qu'il en avait reçus, il ne pouvait lui rendre que le triste et douloureux service de le conduire à l'hôpital!....Sa situation était affreuse, sa tête se détraquait, il eut des vertiges, et en descendant la rue Saint-Antoine, force lui fut, pour ne pas courir le risque de tomber, de s'asseoir sur un banc de pierre à la porte d'une maison de riche apparence. Peu à peu, son exaltation se calma, et déjà il réfléchissait depuis quelques instans au parti qu'il devait prendre, lorsque plusieurs voitures s'arrêtèrent successivement à la porte de la maison près de laquelle il s'était assis; un grand nombre d'autres arrivèrent ensuite, et Victor remarqua que tous les personnages qu'elles contenaient étaient parés avec soin; les domestiques avaient des gants blancs et des fleurs à la boutonnière : c'était une noce.

—Que ces gens sont heureux! se dit Victor; et qu'ont-ils fait pour être mieux traités que moi par la fortune?... Rien, ou peut-être pis que rien... Qu'est-ce donc que cette société où la morale et le bonheur sont en perpétuelle contradiction? où les gens qui ne possèdent point sont forcés, pour vivre, de faire une guerre de chaque jour, de tous les instans, à ceux qui possèdent?....
...Morale, morale!... qu'est-ce que la morale? un mot, et ce mot n'est qu'un mensonge!...

Puis sa tête se monta, et les idées

les plus extravagantes lui traversèrent le cerveau.

— Quels sont donc les personnages qui se marient? demanda-t-il à l'un des domestiques qui circulaient autour de lui.

— C'est M. Virmont, avoué, et mademoiselle Dubois, la fille unique du propriétaire de cette maison et d'une douzaine d'autres.

— L'assemblée est bien nombreuse.

— Je le crois bien! plus de trois

cents personnes, des parens, des amis, des connaissances, et puis les amis des amis et les connaissances des connaissances; c'est à ne pas s'y reconnaître.

Tout à coup Victor se leva : les dernières paroles du domestique venaient de faire naître dans son esprit une mauvaise idée, idée affreuse, horrible, qui devait le mettre sur le chemin de l'infamie, mais à laquelle il sentait l'impossibilité de résister; il fallait pour l'exécuter beaucoup d'audace, un aplomb extraordinaire : le malheureux jeune homme n'avait rien de tout cela;

mais tout cela lui vint presque en même temps que l'idée qui devait le perdre. Il se leva, prit la pelle et la pioche, et s'éloigna rapidement.

CHAPITRE III.

Un Voleur.

Tout près de l'Hôtel-de-Ville, dans une rue ignoble et admirablement baptisée, la rue de la Mortellerie, un marchand de ferraille dérouillait, dans sa boutique, plus sombre qu'une cave, plus triste qu'un cachot, quelques misérables ustensiles, lorsque Victor se présenta devant lui.

— Voulez-vous acheter cela? dit le jeune homme en montrant les outils de Julien.

— Acheter, acheter, c'est bien aisé à dire ; on ne vend rien ; je n'ai pas encore étrenné.

— Je serai fort accommodant ; la pelle et la pioche pour trois francs,

— Trois francs! c'est plus d'argent que je n'en ai reçu depuis huit jours. Mais vous me paraissez un bon garçon, et je vous en donnerai vingt-quatre sous pour vous obliger.

— Allons, faites vite, car je suis pressé.

L'honnête ferrailleur essuya ses lunettes, compta les sous avec beaucoup de soin; et comme Victor s'éloignait en courant, le vieil arabe murmurait en examinant son achat.

— Ça vaut six francs comme un

liard; mais ça m'a tout l'air de ne lui avoir coûté qu'une peur; et à ce compte-là il ne peut rien perdre.

Cependant Victor s'empressait de faire cirer ses vieilles bottes et de faire brosser son habit quelque peu râpé; puis il acheta chez une revendeuse une mauvaise cravate dont il dissimula adroitement les trous, une paire de gants jadis blancs, et dans cet équipage, le sourire sur les lèvres et la rage dans le cœur, il se dirigea vers la maison où se célébraient les noces de l'avoué et de la riche héritière. Il entre hardiment, monte l'escalier en fredonnant un couplet à la mode, et pénètre sans difficulté dans les appartemens que la foule encombrait. On ne fait pas attention à lui, car le marié a bien assez de s'occuper de sa femme et des grands parens; la mariée se met à la torture pour se faire admirer, et les conversations particulières engagées çà et là absorbent l'attention de presque tous les invités.

— Fortune, j'aurai raison de toi! se dit Victor en grinçant des dents.

Et marchant tantôt à droite, tantôt à gauche à travers la foule, il poussa une reconnaissance jusqu'à la porte de la chambre nuptiale, qui était ouverte comme presque toutes les autres. En ce moment plusieurs voix firent entendre ces paroles :

— Le dîner est servi !

— Allons, messieurs, la main aux dames !

— A table ! à table !

Et tandis que tout ce monde se précipitait vers la salle à manger, Victor, dont l'audace semblait croître à chaque instant, entra sans trembler dans la chambre mystérieuse.

— Voici une charmante toilette, dit-il; il doit y avoir de l'or là dedans; car il est indispensable que la jeune mariée en trouve demain à son réveil...

Il ouvre brusquement le meuble; fourre dans sa poche un écrin, sans prendre la peine de regarder ce qu'il contient, puis un petit portefeuille parfumé et deux rouleaux d'or prennent le même chemin, et c'est avec cette riche capture que le jeune Plantard traverse, presque à pas comptés, les pièces précédentes.

— Par ici, monsieur, par ici, lui crie un domestique qui le voit traverser l'antichambre; on est à table, et vous serez bien heureux si vous y trouvez place.

— Bien, bien; je reviens à l'instant.

Et léger comme un chevreuil, il franchit l'escalier. Un quart d'heure après il arrivait près de Julien, accompagné d'un médecin qu'il avait d'avance fort largement payé

— Ah! dit le pauvre malade en le voyant, j'étais bien sûr que c'était trop fort pour vous, et que vous ne pourriez pas y tenir jusqu'à la fin de la journée...

— Ne t'inquiète pas de cela, mon bon Julien... Eh bien! docteur, qu'en pensez-vous? Cela est-il grave? cela sera-t-il long?.... Que faut-il faire? Ordonnez...

— Et que voulez-vous donc qu'on m'ordonne? je n'ai pas un sou...

— Cela me regarde, docteur; vous reviendrez ce soir, demain, di fois par jour : voici vingt louis à compte sur vos honoraires.

— Cette chambre est malsaine, dit le médecin ; il faudrait changer de domicile, puisque vous en avez les moyens.

— Ah ça ! est-ce que j'ai le transport au cerveau ? dit Julien en se levant sur son séant pour regarder l'or que son ami venait de jeter sur une misérable table.

—Non, non, mon ami ; notre position est changée.

— Vous êtes donc redevenu riche ?

—Oui, riche... je suis riche maintenant.... c'est à dire nous sommes riches, et j'espère que nous le serons bientôt davantage. Songe à guérir, c'est maintenant l'important.

— Comment! moi aussi je suis riche ?

—Sans doute, puisque je le suis; est-ce que désormais notre sort peut être différent?

— Mais c'est donc un héritage qui vous est tombé du ciel?.... Oh! mon Dieu!.... je pourrai envoyer quelque chose à mon père ?

— Tu lui enverras tout ce que tu voudras

— Demain ?

— Aujourd'hui, si tu le veux...

— Voici l'ordonnance, dit le médecin.

— Oh ! ça n'est pas nécessaire, répliqua le malade ; je suis guéri ; je n'ai plus mal nulle part ; et la preuve, c'est que je vais aider monsieur Victor à déménager... Qu'est-ce que vous avez donc fait de ma pioche, monsieur Plantard ?

— Nous n'avons plus besoin de cela.

— Diable ! mais je veux travailler.....

— Nous travaillerons ensemble à l'avenir... Docteur, je vous ferai connaître demain matin notre nouvelle adresse.

Le médecin se retira, et Julien s'habilla lestement; la joie qu'il venait d'éprouver avait coupé la fièvre; le mal avait disparu comme par enchantement.

Deux heures après, les amis

avaient changé de costume, et ils occupaient un logement fort agréable dans un hôtel décent.

— Maintenant, dit Julien, que je ne suis plus malade, que nous sommes mis comme des princes, et que nous avons, à ce qu'il paraît, une bonne petite provision de jaunets, j'espère que vous voudrez bien me dire un mot touchant la chose de notre changement.

— Ecoute, Julien, tu es un brave garçon, tu aimes le travail, tu as fait jusqu'à présent du bien autant que tu l'as pu, tu n'as jamais fait

de mal; pourquoi donc jusqu'à présent as-tu été pauvre, misérable?...
Pourquoi quelquefois as-tu manqué de pain, même en travaillant?

— Dame! qu'est-ce que vous voulez que je vous dise? J'ai été comme ça parce que je n'ai pas pu être autrement, voilà tout ce que je sais.

— Et penses-tu qu'il soit juste qu'un brave et bon garçon comme toi soit malheureux, quand le monde est plein de scélérats qui regorgent de biens?

— Juste, je ne dis pas, mais puisque c'est comme ça, je n'y saurais que faire.

— Eh bien! moi, mon ami, j'ai trouvé le moyen d'y remédier, et je veux t'enseigner ce moyen, afin que tu me secondes dans l'exécution. Me comprends-tu?

— Ma foi, non!

— Mais tu comprends bien au moins que le monde marche au rebours du sens commun?

— Moi! je trouve qu'il marche comme un dieu depuis que vous êtes redevenu riche.

— Mais si nous ne pouvions rester riches qu'à certaines conditions?... A la condition, par exemple, de forcer à marcher droit les gens qui vont de travers?... à la condition de forcer celui qui a trop à donner à celui qui n'a pas assez?...

— Ma foi, monsieur Victor, il y a là dedans trop d'esprit pour moi; faites-moi donc l'amitié de vous mettre à ma portée, si vous voulez que je vous comprenne.

— Voici la question. J'ai acquis la certitude que le monde n'est qu'un amas de monstres qui prêchent le bien de toutes leurs forces, et font le mal tant qu'ils peuvent; c'est à qui se trompera, se pillera, s'assassinera; il s'agit maintenant de savoir si tu veux rester au nombre des pillés, volés et assassinés, ou si tu veux m'aider à punir les pillards, voleurs et assassins par où ils ont l'habitude de pêcher?...

— Ça commence à devenir plus clair; je crois que je n'en suis pas loin.

— Par exemple, voici un imbécile qui ne fait œuvre de ses doigts, qui reçoit cent mille francs par an,

et qui n'en dépense pas la moitié ;
je m'empare de l'autre moitié, j'en
garde une partie, et j'envoie l'autre
aux fermiers que le scélérat saigne-
rait volontiers des quatre membres
pour avoir un écu de plus...

— Diable !..... mais vous volerez
donc l'imbécile aux cent mille
francs ?

— Voler !... qu'importe le mot ?
c'est la chose qu'il faut examiner.

— Mais si cette chose là mène
aux galères ?

— Fais-moi le plaisir de me dire

où te mènera ton métier ? A l'hôpital ; et en attendant que tu y arrives, tu seras plus malheureux qu'un galérien.

— C'est ma foi vrai.... Et pourtant la chose me paraît encore plus laide que le mot.

— Et cette chose-là se fait tous les jours autour de nous, ouvertement, par des gens que tu tiens pour très-respectables. Le commerce n'est que le vol organisé ; la propriété est le vol légalisé, l'industrie est le vol perfectionné. — En deux mots, veux-tu être riche ? veux-tu envoyer souvent de l'or à ton père ? veux-tu donner à manger tous les jours à quelques malheureux mourant de faim ? veux-tu donner un lit aux infortunés qui dorment sur la neige, et que l'autorité fait jeter en prison pour les punir d'avoir respecté ce qu'on appelle sottement le bien d'autrui ?... veux-tu avoir la possibilité de faire tout le bien qui te passera par la tête ?... Moi, je veux tout cela....

— Et moi, dit timidement Julien, je crois que je commence à le vouloir; la nuit porte conseil : nous verrons demain!

CHAPITRE IV.

L'Association.

—

Victor passa une fort mauvaise nuit, en dépit de la logique qui ne pouvait si promptement faire taire sa conscience. Il se leva de grand matin, sortit seul et marcha longtemps. Sa résolution était prise, le premier pas était fait; mais il ne savait pas ce qu'il lui avait rapporté, ce premier pas, et il ne songea à l'apprendre que lorsque, mettant la main dans sa poche pour en tirer son mouchoir, il sentit l'écrin et le petit portefeuille dont nous avons parlé : le premier contenait une parure complète en diamans, le second était garni de dix billets de mille francs. Le début était brillant; la logique reprit l'offensive avec succès, et la conscience ne parla plus que bien bas. Pour achever de la faire taire, Victor, qui traversait en ce moment le Palais-Royal, entra dans un restaurant brillant, se fit servir un déjeuner somptueux, et vida une bouteille de champagne. En sortant de table, son estomac était garni, sa logique entraînante, et sa conscience muette. Sentant bien que Julien serait désormais incapable de lui résister, il s'empressa de revenir près de lui. Déjà il avait passé la rivière, et il se disposait à traverser la place du Palais de Justice pour se rendre dans le quartier latin où était situé l'hôtel où il logeait depuis la veille, lorsqu'il aperçut devant lui une foule immense qui grossissait à chaque instant et lui barrait le passage. Tout à coup, du milieu de cette tourbe s'élèvent les cris : — Les voilà ! les voilà !.. Victor regarde, se dresse ur ses pointes, et aperçoit cinq ou six misérables que le bourreau et ses aides attachaient au carcan.

« — Voici cependant le but vers lequel je marche depuis hier ! se dit-il. Quand y arriverai-je ?

« Il pâlit et se sentit défaillir ; il eût volontiers donné tout ce qu'il possédait, écrin et portefeuille, pour pouvoir s'éloigner, mais il se trouvait tellement pressé, serré par la foule, qu'il tenta vainement d'avancer et de rétrograder : il fallut qu'il avalât le calice jusqu'à la lie ; qu'il vit chauffer les fers, qu'il sentit l'odeur de la peau brûlée, qu'il entendit les cris des patiens et les discours des gens qui l'entouraient.

— Pardi ! y n'la pas volé celui-là, disait une femme aux formes masculines, à la voix enrouée.

— Quoi qu'il a donc mangé, m'ame Philipeau ?

— Mangé ou bu, c'est toujours

l'même canal; toujours est-y qu'y a sur la pancarte : *Vol domestique...*

— Et c't'autre à droite, qui s'met en quatre pour s'donner une mine d'honnête homme, savez-vous son histoire?.. Y pinçait au demi-cerque les pains de quat' liv'es chez les boulangers, et les gigots à l'étal des bouchers, sous prétesse qu'il avait quatre enfans à nourrir...

— C'est toujours comme ça, dit un gros joufflu; ça n'a ni pain ni maille et ça fait des enfans comme d'la toile...

— F'rait-on pas mieux d'pendre tout c'gibier-là ?

— La p'tite mère, c'est pas prudent d'venir voir ça avec vot' gros ventre.

— Quiens ! c't'ostrogot ! qui s'imagine qu'mon fruit pourrait z'être marqué !...

— En v'là encore un de rôti ! bravo ! pas de pitié pour les voleurs !

Victor endurait un supplice horrible, et ce ne fut qu'au bout d'une heure qu'il parvint à se soustraire à la torture morale que lui faisaient souffrir ces quolibets ignobles ou féroces. Alors il passa de l'abattement à la rage, et il se dit :

— Qu'importe où me mènera la résolution que j'ai prise, pourvu que je vive en chemin!... Ce sera une consolation que la certitude de m'être vengé de la scélératesse du genre humain.

Ce fut dans cette disposition qu'il arriva chez lui, où Julien l'attendait.

— Tout bien considéré, monsieur Victor, lui dit ce dernier, il est clair que puisque vous avez cent fois plus d'esprit que moi, vous devez avoir raison. A bien examiner les choses, il est sûr que le Père Éternel n'a pas bien fait tout ce qu'il a fait, et que, au commencement du monde, la terre n'appartenait à personne, ce qui prouve que personne n'avait le droit de la vendre, et alors..... Je crois que je commence à m'embrouiller; mais je comprends le commencement, et le reste viendra quand il pourra. En attendant, vous pouvez compter sur moi pour vous aider à rétablir l'équilibre... C'est comme ça que vous appelez la chose, je crois?

— Oui, mon ami, et c'est bien le nom qui convient à la chose ; car nous ne prendrons qu'à ceux qui auront trop, et nous donnerons à ceux qui n'auront pas assez.

— Il paraît alors que nous ne manquerons pas de besogne.

— Nous ne manquerons pas non plus de gens disposés à nous aider.

— Enfin, c'est dit : je suis à vous à la vie à la mort! Par où commençons-nous ?

— Tu es donc bien pressé?

— C'est que je pense que plus nous travaillerons vite, moins l'ouvrage durera; car j'imagine bien que quand nous serons assez riches pour faire ce que nous voudrons, nous laisserons à ceux qui n'auront pas le sou le soin de rétablir l'équilibre à leur tour.

Plantard ne se dissimulait pas qu'il entraînait ce pauvre garçon dans l'abîme où lui-même se jetait tête baissée, et il sentit les remords déchirer son cœur; mais il parvint bientôt à s'étourdir, et se hâta de faire tout ce qu'il fallait pour que tout retour fût impossible.

— Nous allons d'abord aller à la découverte, mon cher Julien, dit-il. Pardieu! c'est justement aujourd'hui que ce brigand de C..., chef de division, donne son audience publique. C'est en partie ce misérable qui a ruiné mon père. Nous pouvons nous présenter chez lui avec la certitude de ne pas le rencontrer. Je vais acheter un riche uniforme pour moi, une brillante livrée pour toi, et pendant que, dans l'antichambre, tu causeras avec l'unique domestique de ce coquin, qui est bien l'avarice incarnée, je passerai outre et j'agirai. Surtout de l'aplomb, de la résolution. Pour moi, je n'en manquerai jamais, car le désespoir en donne.

Il n'y avait plus à reculer, tout fut bientôt arrangé; on loua une voiture, et l'on arriva avant trois heures chez le chef de division.

— Monsieur n'y est pas, dit le domestique.

— Je le sais bien, puisque je le quitte à l'instant; mais il m'a promis d'être ici dans dix minutes : je vais l'attendre dans le salon.

Et sans attendre qu'on lui en ouvrît la porte, il y entra brusquement et se jeta dans un fauteuil; puis il tira de sa poche un énorme morceau de cire, se leva, marcha avec précaution, et prit successivement l'empreinte de toutes les serrures des portes et des meubles. Pendant ce temps, Julien se mettait l'esprit à la torture pour soutenir dignement la conversation qu'il avait entamée.

— Vous êtes donc seul ici? disait-il

— Mon Dieu, oui.

— Cependant votre maître doit

être riche; un chef de division!...

— A qui le dites-vous? Riche comme un *Crésus*! mais ladre! ah! ladre! si le vôtre était de la même pâte, je vous plaindrais.

— Oh! le mien est le plus généreux qu'on puisse voir.

— Alors vous avez du bonheur; car les maîtres généreux c'est fièrement rare... Ici la cave est bien garnie; mais monsieur en a la clef dans son secrétaire.

— C'est peut-être parce que son argent y est déposé?

— Dans son secrétaire! bah! il n'y tiendrait pas en or la moitié de ce qu'il a.....

— Je veux dire que son argent est peut-être déposé à la cave.

— C'est autre chose! d'autant plus qu'il ne souffre pas que personne autre que lui y mette les pieds...

En ce moment Victor sortit du salon.

— Puisque votre maître ne vient pas, dit-il, je vais l'aller retrouver au ministère.

Ils partirent.

— Tout va bien, dit Plantard à Julien lorsqu'ils furent chez eux; il ne s'agit plus que de faire faire toutes les clefs nécessaires, puis nous escaladerons aisément le mur du jardin qui n'est pas fort élevé, et tout sera bientôt fini... Mais à qui diable s'adresser pour avoir ces clefs?... ça n'est pas le plus facile.

Il se promena de long en large en réfléchissant, et il s'écoula un temps assez long avant qu'il eût trouvé un expédient; mais il était maintenant en trop bon chemin pour être arrêté par une difficulté de cette nature; et se rappelant tout-à-coup cet honnête férailleur de la rue de la Mortellerie, il résolut de s'adresser à lui, et partit.

— Me reconnaissez-vous? dit-il au vieux fripon.

— Comment voulez-vous que je vous reconnaisse, puisque je vous vois pour la première fois?

— Diable! papa, vous avez la mémoire courte ou la vue terriblement basse! Voyons, ne vous souvient-il plus de cette pelle et de cette pioche qui valaient six francs, et que vous m'avez payées vingt-quatre sous hier matin?

Le petit vieillard ôta ses lunettes et les essuya pour avoir le temps de préparer sa réponse, puis regardant attentivement Victor, il dit :

— C'est juste, c'est juste; je me rappelle bien maintenant que je vous ai acheté..... mais je sais fort bien aussi que je vous ai payé comptant... rubis sur l'ongle...

— Oh! soyez tranquille, je ne réclame rien : je sais vivre avec les vivans...

— Les temps sont si durs!...

— Bah! bah! il ne faut pas se défier de la Providence.

— On ne vend rien.

— Il ne tient qu'à vous de vendre, et je sais des gens qui ne marchanderaient pas avec vous.

— En vérité?..... Ne me faites donc pas de fausses joies comme ça... c'est capable de faire remonter ma goutte.....

— Je parle sérieusement. Vous

avez, j'en suis sûr, une fort jolie collection de vieilles clefs que je vais tout à l'heure vous payer plus cher que des neuves, pourvu que vous me laissiez choisir...

— Chut! ne parlez pas si haut, les murs ont des oreilles... Entrez dans le fond, je vais vous joindre.

Le petit vieillard s'approcha de la porte, allongea la tête dans la rue, et regarda soigneusement à droite et à gauche; puis il rentra, et trouva Victor qui, déjà, avait posé la cire sur une table, et choisissait, dans un monceau de clefs, celles qui se rapportaient le mieux aux empreintes.

— J'ai bien vu tout de suite que vous étiez un brave jeune homme, dit le marchand; mais vous êtes un peu trop vif: il ne faut pas se livrer comme ça... En voici trois qui feront parfaitement votre affaire : il ne faut qu'un coup de lime à celle-ci, et un coup de marteau à celle-là... c'est l'affaire d'une minute.... Prenez bien garde!... Parlez bas, marchez vite; point de clous aux souliers... Il ne faut qu'une envie d'éternuer pour envoyer au *pré* le meilleur enfant de Paris... Celle-là n'est pas forée, en voici une autre. Je vous vendrai tout ça vingt francs, c'est pour rien; mais il ne faut pas écorcher les commençans... et je vous donne trois rossignols par dessus le marché....

— Et moi je vous donne quarante francs au lieu de vingt.

— Ah! j'aurais bien gagé que vous étiez charitable... Autrefois, ils étaient tous comme ça... A quand l'affaire? Je dirai cinq *Pater* et cinq *Ave* à votre intention; ça porte bonheur.

— Songez que je suis homme à vous donner plus d'argent pour que vous soyez discret, qu'on ne vous en donnerait pour vous faire parler, et n'oubliez pas que dans tous les cas la vengeance ne se ferait pas attendre...

— On voit bien que vous ne connaissez pas encore le père David. Ça viendra... J'en ai plus sauvé dans ma vie qu'il n'y en a aujourd'hui sur le pavé de la capitale; mais il y a des ingrats partout... A propos, j'ai là deux paires de crucifix à ressorts qui ne sont jamais de trop dans une affaire : si ça vous convenait...

— Des crucifix ?

— Je vais vous les faire voir; demi-arçon... tous neufs.

Et il tira de dessous un monceau de ferraille deux paires de pistolets qu'il présenta à Victor, et que celui-ci s'empressa de payer.

— Mon ami, dit-il à Julien, lorsqu'il fut de retour, c'est pour cette nuit la fête, et voici les violons.

En parlant ainsi, il jeta sur une table clefs, rossignols et pistolets. Julien pâlit.

— En attendant, reprit Plantard, nous allons dîner, et nous dînerons bien, car je veux que tu connaisses les joies du métier avant que d'en connaître les peines.

Ils sortirent, et le dîner fut long et gai, grâce aux excellens vins que les deux convives ne ménagèrent pas au dessert. On parla d'affaire.

— J'espère au moins, Julien, que tu ne manqueras pas de résolution.

— Jamais! Vive l'équilibre; je suis pour l'équilibre à la vie, à la mort!

— Nous le rétablirons partout et toujours!

— Sans compter que nous l'avons

déjà pas mal rétabli, et à preuve, qu'on a des louis plein ses poches!

— Il nous faut mieux que cela.

— Mieux que des louis? ça me paraît difficile.

— Il nous faut de la volupté, des plaisirs... des femmes ravissantes, des spectacles délicieux, des châteaux, des voitures... Je veux mettre l'humanité à mes pieds et l'écraser!..

— Vous croyez que c'est nécessaire pour rétablir...

— Sans doute, tout est nécessaire; il ne peut y avoir de superflu pour des hommes qui savent jouir de la vie.

— Il me paraît que nous en jouissons déjà bien gentiment...

— Sans doute, et cela doit être, cela est juste; car nous sommes les hommes forts, les hommes créateurs... Nous sommes...

— Un peu dedans pour le quart d'heure...

— Nous sommes les maîtres du monde, et nous ferons un nouveau monde, une nouvelle morale...

— Certainement, que nous en ferons, et une soignée ! Mais en attendant, je pense qu'il faut aller nous coucher et dormir une heure ou deux ; car il se fait tard, et nous avons besoin d'y voir clair à minuit.

CHAPITRE V.

Une Charte.

—

Minuit venait de sonner, l'obscurité était profonde. Victor et Julien marchaient rapidement sans échanger une parole, et cependant chacun d'eux était vivement ému, et avait grand besoin d'être encouragé. Mais Plantard craignait que les paroles de Julien ne le décidassent à abandonner son projet, et il se taisait; de son côté, Julien craignait de passer pour avoir peur, et il se taisait, quoique son cœur battît violemment à la seule pensée du crime qu'il allait commettre. C'était deux âmes honnêtes que la fatalité poussait au crime, bien qu'elles trouvassent le crime hideux; c'était deux déplorables victimes de notre ordre social tant vanté par ces docteurs qui ont toujours les pieds chauds, l'estomac bien garni, de frais ombrages et un lit voluptueux. Oh! il est bien facile à ceux-là de respecter le bien d'autrui, et d'être toute leur vie ce qu'on appelle d'honnêtes gens!...

— Nous y voici, dit enfin Victor en s'arrêtant; voilà le mur qu'il faut escalader.

— Et pourquoi ne pas passer par la porte, puisqu'elle est ouverte? répondit Julien.

En effet, comme en passant il avait posé la main sur une petite porte de jardin pratiquée dans le mur et garnie de larges barres de fer, il avait reconnu que cette porte était entr'ouverte.

— C'est incroyable, reprit Plantard.

— C'est tout ce que vous voudrez, mais c'est comme cela.

Et poussant brusquement la petite porte, Julien ne trouve rien de plus simple pour persuader son compagnon, que d'entrer résolument dans le jardin. Victor le suivit; mais après avoir fait quelques pas, il s'arrêta.

— Je pense, dit-il, que cela pourrait bien être quelque piége.

— Eh bien! allons-nous-en.

— A quoi bon? Si nous reculons aujourd'hui, il faudra avancer demain : il faut accepter les charges pour jouir des bénéfices; l'important est de ne pas être arrêté vivant, et nous avons tout ce qu'il faut pour éviter ce malheur; arme tes pistolets, j'en vais faire autant; le premier sera pour le malheureux qui tentera de m'arrêter, et le second pour moi...

— Diable!... mais je croyais que

nous devions faire un monde, une morale, que sais-je?...

— Sans doute, et il est clair que nous ne ferons rien de tout cela si nous nous tuons cette nuit, mais peut-être n'en viendrons-nous pas là.

Le peut-être n'était pas rassurant du tout; mais il fallut bien que Julien s'en contentât; car son ami Victor n'avait, pour le moment, rien de mieux à lui offrir. Les pistolets furent armés, et l'on s'avança à pas comptés vers le corps de logis. Victor avait projeté de passer par une fenêtre du rez de chaussée pour arriver à l'escalier; cela se trouva inutile : la porte du péron était ouverte comme celle du jardin.

— Voici qui est fort extraordinaire, dit Plantard; il semble qu'un bon génie ait pris soin d'aplanir les difficultés que nous avions à vaincre. Toutefois, il ne faut pas avoir trop de confiance en ce génie-là... Marchons de front.

Ils montèrent ainsi l'escalier jusqu'au premier étage; là aussi les portes étaient ouvertes, et ils entrèrent sans difficulté dans l'antichambre.

— Il me semble que j'entends parler dans la pièce voisine, dit Julien.

Ils s'arrêtèrent, écoutèrent attentivement, et entendirent ce singulier dialogue qui semblait se tenir dans la salle à manger :

— Vous conviendrez, mes enfans, qu'il n'y a pas de ma faute... Une affaire que je file depuis trois mois, qui a une apparence superbe...

— Et qui ne nous rapporte pas dix louis chacun !...

— Que veux-tu, mon vieux Picard, il faut prendre le temps comme il vient, et les affaires pour ce qu'elles valent. Ça n'est la faute de personne si nous n'avons rien trouvé dans le secrétaire qui, d'après les apparences, devait être si bien garni.

— Ah! les apparences, dit une autre voix, fiez-vous y!... Nom de D...! je ne suis pas d'humeur à me faire guillotiner pour des apparences, moi!...

— Pardieu! dit tout bas Victor, la chose est singulière; nous avons des concurrens qui nous ont gagné de vitesse, cela est hors de doute.

— Quoi! ce serait des vol..., c'est-à-dire des équilibristes?...

— Ça m'en a tout l'air. Au surplus, la chose mérite d'être éclaircie, et nous allons bien vite savoir à quoi nous en tenir...

A peine avait-il achevé de prononcer ces paroles, que, l'arme au poing, il s'élança dans la salle à manger, où il vit tout d'abord quatre hommes assis autour d'une table couverte de bouteilles et de quelques comestibles.

— Nous sommes vendus ! crièrent presque en même temps les quatre convives.

Et presque aussitôt Victor vit des lames de poignard briller entre leurs mains : il s'arrêta ; Julien en fit autant, et tandis que les premiers venus mesuraient de l'œil les derniers arrivés, Plantard se hâta de prendre la parole.

— Mes amis, dit-il, les loups ne se mangent pas, et je sais le proverbe : *le premier couché gagne le lit*. Nous arrivons trop tard pour faire à deux ce que vous avez fait à quatre. Le butin doit être bon; mais nous n'en réclamons rien. Seulement, une autre fois, il ne serait pas mal de s'entendre.

— Ce sont des amis, dit le chef, bas les armes!... A votre santé, camarades. Goûtez-moi ça, ça en vaut la peine. Quant au *quibus*, absent...

— C'est impossible.

— C'est comme ça. Deux douzaines de couverts et quelques nippes.

— Qu'a-t-on fait du patron?

— La vieille bête dort comme

une marmotte ; nous l'avons lié dans son lit.

— Et le domestique ?

— Il couche au cinquième étage, et il est sourd... Buvez donc, puisque c'est tout ce qu'on peut vous offrir... Dame! mes enfans, la plus belle fille du monde ne peut donner que ce qu'elle a, et nous n'avons que du vin... il est vrai qu'il est ch'nu!...

Julien faisait assez pauvre mine, et il était aisé de voir que la proposition était peu de son goût. Quant à Victor, qui s'était d'avance préparé à toutes les vicissitudes du dangereux métier qu'il faisait, il prit sans hésiter le verre qu'on lui présentait, et le vida d'un trait.

— A la bonne heure, dit le chef des quatre, c'est un homme, celui-là!... ce n'est pas comme ce Pierrot qui a l'air d'une pucelle enculottée... Où donc que vous avez recruté ça?... Dans quelque séminaire?...

L'amour-propre, depuis le commencement du monde, est le côté faible de l'espèce humaine; il n'y a point de cuirasse qui puisse l'empêcher d'être vulnérable de ce côté; aussi Julien fut-il vivement blessé du sarcasme, et cela lui donna de l'énergie.

— Sauf votre respect, mon ancien, s'écria-t-il, vous avez tort de mécaniser les gens que vous ne connaissez pas, et on pourrait bien vous faire voir...

— Nom de D...! je ne suis pas curieux, mais je voudrais bien savoir ce qu'un canard de ton espèce pourrait faire voir à des cadets comme nous?...

Il n'avait pas achevé, que déjà Julien grinçait des dents, et serrait les poings; il se disposait sans plus de cérémonie à mettre ses mains en contact avec le visage du provocateur, lorsqu'une pensée subite vint l'arrêter : il se rappela tout d'un coup la conversation qu'il avait eue avec le vieux domestique du chef de division, et ce fut un trait de lumière à l'aide duquel il crut pouvoir punir son adversaire.

— Les cadets comme toi, s'écria-t-il, sont des imbéciles que les canards de mon espèce embrocheraient comme des allouettes, si ça en valait la peine. Vous êtes quatre qui n'avez pu trouver le magot : eh bien!... je le trouverai à moi seul.

A ces mots, les dispositions des convives envers Julien se modifièrent singulièrement. Victor lui-même était fort surpris, et il se tourna vers son compagnon comme pour lui demander où il voulait en venir avec cette fanfaronnade; mais Julien, sans s'émouvoir, demanda la clef de la cave, et invita tout le monde à le suivre.

— Vous n'avez trouvé que du vin dans ces tonneaux, dit-il; eh bien!

moi, j'y trouverai des louis... Qui est-ce qui a un marteau?

Il saisit le premier qu'on lui présenta; il défonça successivement plusieurs bariques; le vin coulait par torrens; les six personnages en avaient jusqu'à la cheville, et déjà quelques-uns commençaient à se croire dupes d'une mystification, lorsqu'après quelques coups violemment assénés sur les douves d'une pièce de Bordeaux, une lave d'or et d'argent monnoyé se fit jour et s'amoncela aux pieds de Julien, presque aussi surpris que ses compagnons d'un tel résultat.

— Camarade, s'écria le chef des quatre, je te fais réparation. Tonnerre! quel compère tu fais! Touche-là... tu auras double part.

— Non, dit Victor, chacun pour soi et le diable pour tous. A l'ouvrage, amis, et tant mieux pour ceux qui ont les mains larges et les poches profondes.

Personne ne se le fit répéter, et les huit bandits, chargés comme des mulets, remontèrent dans le jardin d'où ils gagnèrent la rue aussi tranquillement que s'ils eussent commis la chose du monde la plus indifférente.

— Messieurs, dit Victor, qui ne connaissait pas encore le langage propre au métier qu'il exerçait depuis deux jours avec succès, messieurs, il me semble que nous nous connaissons maintenant trop ou pas assez pour nous quitter si vite.

— C'est juste, répondit le chef de la bande, d'autant plus que des amis comme vous ne sont pas à dédaigner. Venez chez moi, et nous achèverons de faire connaissance en vidant quelques bouteilles de Champagne qui peuvent se vanter d'avoir dormi dans la meilleure cave du royaume.

La proposition fut acceptée. On marcha en silence et en se tenant à une certaine distance les uns des autres; et après avoir traversé une grande partie de la ville, on arriva dans une rue déserte, près du Luxembourg, et l'on entra dans une maison qui se trouvait isolée de toutes parts des habitations environnantes.

— Voici notre couvent, dit le chef des quatre; et les nones n'y manquent pas quand il nous convient d'en recevoir... Allons, Antoine, du vin... de celui de l'ambassadeur, tu sais ?...

Antoine était un vieillard chauve, et qui ne marchait qu'avec peine; mais il était aisé de voir que les passions, plus que les années, avaient usé ce corps; et ses yeux ardens, cachés sous d'épais sourcils, prouvaient assez que si la puissance d'exécution manquait à ce personnage, sa puissance de volonté était encore entière. Il obéit, non sans froncer le sourcil en examinant les nouveaux venus, et une table immense, dans une salle fort belle, se couvrit en un instant de verres et de bouteilles.

— Messieurs, dit alors le personnage qui semblait être le maître de cette mystérieuse habitation, ce n'est pas d'aujourd'hui que je sais qu'il ne faut jamais croire aux apparences, et cependant j'avoue que je vous avais mal jugés d'abord. Nous vous offrons notre amitié en échange de la vôtre; et nous, vieux routiers, sommes disposés à marcher sous les ordres de l'un de vous... Nous étions cinq; notre capitaine est à Toulon depuis un an, et Dieu sait quand il en reviendra. En son absence, j'ai pris le commandement; mais le fardeau commence à me sembler lourd; j'ai reconnu qu'il est plus facile d'obéir que de commander, et j'ai résolu d'abdiquer. Notre devise est *guerre aux riches, paix et protection aux pauvres!*

— C'est aussi la nôtre, répondit Victor; jouir de la vie et rétablir l'équilibre, voilà ce que nous voulons.

— Pas autre chose, dit à son tour Julien : des louis, de l'équilibre et du vin mousseux, voilà ce qu'il nous faut. Quant au nouveau monde et à la morale nouvelle, nous y travaillerons quand nous aurons le temps.

— Qu'est-ce qu'il chante donc avec sa morale?

— A votre santé! Monsieur Victor vous expliquera ça ; car c'est un savant, voyez-vous, qui fait de l'équilibre par principes..... Vive la joie et l'équilibre!... J'envoie demain cent louis à mon père, nom d'un nom! On a bien raison de dire que là où il y a de l'esprit, il y de la ressource!...

— Ah! vous avez des principes, vous autres! s'écria le maître de la maison. Diable! mais c'est précieux ça... Nous autres, nous avons du toupet, et voilà tout; nous y allons comme des corneilles qui abattent des noix... Moi, voyez-vous, je suis franc, et je sais bien que je n'a pas inventé la poudre; mais, d'un autre côté, la fumée ne me fait pas peur... A la santé du capitaine, si Victor, si toutefois il veut bien le permettre!

Tout le monde se leva, les chapeaux volèrent au plafond, et le toast fut répété avec enthousiasme.

— Mes amis, dit Plantard, j'accepte ce titre; mais à condition que vous serez des hommes et non des brutes, que vous obéirez, non à la volonté d'un seul, mais à la volonté de tous.

— Bravo! bravo! bravo!

— Oh! je vous disais bien, s'écria Julien, qu'il a plus d'esprit à lui tout seul que nous tous ensemble...

— Il est donc important que nous ayons une constitution, reprit Victor.

— C'est ça! nous aurons une constitution!... Vive la constitution!...

— La nôtre, mes amis, ne doit ressembler à aucune de celles connues; toutes sont des mensonges; la nôtre doit être une vérité, et je prends l'engagement de brûler la cervelle au premier d'entre vous qui essaierait de la faire mentir.

— Encore faudrait-il savoir ce qu'elle chantera, votre constitution, s'écria l'un des convives qui depuis quelques instans écoutait avec attention.

— Oh! vraiment, je ne veux pas vous vendre chat en poche... Une plume et de l'encre; je vais proposer, et vous voterez.

Article premier. La souveraineté de la société est proclamée...

— Adopté à l'unanimité.

Art. 2. Toute décision, pour être exécutoire, devra être votée et adoptée par la majorité...

— Adopté.

Art. 3. Les bénéfices de la société seront partagés par égales portions, attendu que les capacités sont égales, et qu'il n'est pas plus difficile d'être ministre que portefaix.

— J'espère qu'en voilà un fameux! s'écria Julien.

— Adopté! adopté!

Art. 4. La propriété est abolie, attendu que l'univers est la propriété de tout le monde en général, et n'est la propriété de personne en particulier.

— Adopté! adopté!

Art. 5. En conséquence de l'article précédent, tout propriétaire qui ne fait point partie de notre société est déclaré hors la loi.

— C'est ça! à bas les riches.

Art. 6. Le but de la société étant de rétablir l'équilibre, et de faire prévaloir la loi naturelle, la société donnera aux pauvres une partie de ce qu'elle prendra aux riches.

Ici les bravos cessèrent; quelques membres de la future société froncèrent le sourcil, des murmures s'élevèrent. Victor se leva brusquement.

— Si le titre de voleur vous suffit, s'écria-t-il, si vous voulez n'être que d'ignobles bandits, je me retire; je veux, moi, commander à des hommes et non à des brutes. Le monde tel qu'il est n'a pas le sens commun, je veux le refaire; la morale qu'on y prêche est absurde, je veux la changer : voilà mon but; il est noble et beau : que ceux qui se sentent assez fort pour m'aider à l'atteindre se lèvent.

Les murmures cessèrent, et tout le monde se leva, tant l'énergie du jeune homme était imposante, tant sa conviction était profonde et entraînante.

— A la bonne heure! reprit-il... N'oublions jamais que les pauvres sont nos amis : guerre aux châteaux! paix aux chaumières! c'est un principe qu'on a proclamé avant moi, mais qui n'a jamais été bien compris.

Art. 7. La société déclare une guerre éternelle, une guerre de tous les jours et de tous les instans, une guerre d'extermination à toute espèce d'autorité qui n'émanerait pas du vœu général.

— C'est ça! c'est ça! guerre à mort!

Art. 8. Tous les crimes et délits, c'est-à-dire toute violation du droit naturel commise dans la société sera punie selon les lois de la saine raison, et les peines seront la prison et la mort. Le coupable sera jugé en assemblée générale, condamné ou acquitté à la majorité, et exécuté par ceux des membres de la société que le sort désignera.

— Adopté.

Art. 9. La présente constitution, acceptée et signée par tous les membres de la société, sera mise en vigueur à l'instant même.

Fait à Paris, le dix juillet, l'an premier de la régénération.

Ici les bravos et les vivats couvrirent la voix du législateur improvisé; les bouteilles se succédèrent avec plus de rapidité, et quand vint le jour, la société tout entière dormait sur la table.

CHAPITRE VI.

Une fille.

—

Déja depuis long-temps le sacrifice était consommé; Victor avait fait taire les remords, et il vivait d'une vie toute nouvelle. Son énergie, entretenue par les dangers qu'il lui fallait braver chaque jour, ne se démentait pas; et ses compagnons, dont le nombre était plus que doublé, l'écoutaient comme un oracle et lui obéissaient aveuglément. L'or abondait dans la société; et bien que, d'après la charte qui la régissait, on fît toujours une large part aux pauvres de ce qu'on enlevait aux riches, chacun des membres de la société possédait des capitaux immenses. Victor souffrait cependant, et plus il acquérait de richesses et de puissances, plus ses chagrins et sa tristesse augmentaient. C'est que ce grand réformateur, qui voulait régénérer le monde, n'avait pas la force d'imposer silence à ses passions; c'est que l'amour qui avait sommeillé pendant quelque temps dans ce jeune cœur, se réveillait plein de force et de vie ; c'est que l'image de la tendre et jolie baronne se présentait chaque jour, à chaque instant à cette imagination ardente, et menaçait de mettre sens dessus dessous ce pauvre cerveau qui naguère était accouché d'une morale nouvelle. Il avait dit, dans un moment d'ivresse, *nous aurons des femmes délicieuses*, et maintenant qu'il pouvait acheter les faveurs des plus belles, il les dédaignait : le nom, le souvenir de madame de Vernance faisaient circuler du vitriol dans ses veines; il frémissait de rage en pensant que maintenant une barrière éternelle était élevée entre lui, chef de bandit, et cette femme divine, cet ange qui l'avait fait homme, qui avait en lui soufflé la vie et animé la matière.

— Et pourtant elle m'aime, se disait-il, et je pourrais maintenant lui rendre tous les biens qu'elle a perdus... Mais cette contrainte perpétuelle qu'il faudrait m'imposer;

ce secret terrible dont la révélation la tuerait... Oh! qu'elle vive ! qu'elle soit heureuse, et que ma destinée s'accomplisse!

Puis il retombait dans une tristesse profonde que ses amis tentaient vainement de dissiper.

— Jour de Dieu! lui disait quelquefois Julien, à quoi donc ça vous sert d'être riche et de faire des heureux? L'équilibre est une belle chose, une chose superbe, et il ne faut pas être manchot pour inventer une chose comme ça, et la faire marcher ; mais si j'avais su que ça devait vous faire mourir de chagrin, le diable m'emporte, j'aurais préféré piocher, bêcher et mourir à la peine plutôt que de vous aider à faire une chose qui menace de vous faire sécher sur pied comme un échalas... Tenez, monsieur Victor, je vous aime de tout mon cœur; la dernière goutte de mon sang est à votre service; mais je ne me sens pas le courage de vous voir souffrir comme ça plus long-temps : si ça continue, je dis adieu tout bas à la compagnie, j'envoie l'équilibre au diable, et je retourne en Normandie aider mon vieux père à planter ses choux.

— Heureux Julien ! tu n'as donc pas perdu l'espoir et la volonté de retourner à une vie meilleure ?

— Meilleure ? ma foi ça serait difficile. Qu'est-ce qui nous manque ? Bonne table, bon lit, de l'or plus qu'on n'en peut dépenser, des pauvres qui nous chérissent, des femmes qui nous adorent...

— Qui t'adorent, c'est possible; ce sera comme cela tant que tu auras de l'or; mais qu'importe qu'elles t'adorent, si tu ne les adores pas ?

— Oh ! moi, je les adore toutes...

c'est si gentil, si amusant... Est-ce que vous ne les aimez pas, vous?

— Je n'en aime qu'une, mon ami.

— Ah! je vous comprends; vous aimez justement celle qui ne vous aime pas... Sac...-Dieu! elle est donc bien difficile?... le plus joli garçon de la capitale... qui a plus d'esprit à lui seul que tous les savans de la France... Envoyez-moi donc promener cette bégueule-là...

— Tu es dans l'erreur, Julien; j'ai le bonheur... ou plutôt le malheur d'être aimé de la femme que j'aime.

— Alors, monsieur Victor, c'est de l'hébreu pour moi; je ne suis pas assez savant pour comprendre ça.

— Je l'aime et j'en suis aimé, Julien; mais elle ne peut m'appartenir maintenant que j'ai rompu avec le monde.

— J'y suis! c'est-à-dire que la particulière ne comprend pas le système de l'équilibre...... C'est pourtant bien simple : tu en as trop, et celui-là n'en a pas assez ; j'en ôte par là, j'en remets par ici, et tout le monde est content... Faut être fièrement bouché pour ne pas sentir ça tout de suite... Où diable allez-vous vous amouracher d'une pécore qui ne comprend pas que deux et deux font quatre, quand il y en a tant qui seraient si heureuses de vous plaire..... Cette pauvre Aline, par exemple, qui est gentille comme un ange, qui a de l'esprit comme un démon, et qui vous aime à en perdre la respiration...

—Aline! qu'est-ce que c'est qu'Aline?

—Comment ce que c'est!...C'est

une grande brune qui a des yeux noirs longs comme mon doigt, la peau blanche comme la neige, les dents gentilles et rangées comme des perles... Une bonne fille qui n'a pas vingt ans, et qui comprend l'équilibre comme vous et moi.

— Et cette femme-là m'aime?

— Elle est folle de vous.

— Pauvre enfant!...

— Ça n'est pas pour la vanter; mais c'est une connaissance qui vous irait comme un bas de soie.

— Et qui t'a dit tout cela?

— Oh! ça se voit de reste; elle a toujours quelque nouveau prétexte pour venir chez vous. C'est son père, le vieux Guillaume, votre second, qui veut savoir de vos nouvelles; c'est une de ses amies qui a des cravates ou des mouchoirs à vendre, et qu'elle vient vous offrir; c'est quelque chose qu'elle suppose que vous avez oublié chez Guillaume, et qu'elle s'empresse de vous rapporter... puis, quand elle vous parle, elle rougit, ses yeux sont humides; elle tremble quand vous lui prenez la main... Mais est-il possible que vous n'ayez jamais remarqué tout cela?

— En vérité, je n'en savais rien.

— Eh bien! maintenant que vous le savez, il y aurait conscience à la faire souffrir plus long-temps.

— Allons, je tâcherai qu'elle ne souffre plus.

Il achevait cette phrase lorsque Aline entra. C'était, comme l'avait dit Julien, une grande et belle jeune fille dont le père était membre de la société présidée par Victor. Aline avait vécu, quoique âgée de vingt ans seulement : jetée de bonne heure, et sans aucune espèce de protection, dans ce monde corrompu, menteur, infâme qui prêche la chasteté, et qui met tout en œuvre pour séduire et perdre d'innocentes victimes; qui vante la vertu, et favorise le vice; qui a deux poids et deux mesures; jetée, dis-je, au milieu de cette tourbe de fourbes, d'hypocrites, d'égoïstes de toute espèce, elle avait sacrifié au plaisir, à l'amour-propre, le bien le plus précieux que possède une femme, et qu'elle ne peut recouvrer. Bien des prétendans s'étaient mis sur les rangs, et elle avait fait plus d'un heureux; mais c'était seulement depuis qu'elle connaissait Victor que le véritable amour avait fait battre son cœur. Ce qu'elle avait tant de fois vendu, livré, gaspillé, elle eût donné la moitié de sa vie pour que le jeune Plantard le trouvât digne de lui.

Dès qu'elle parut, Julien se retira. Victor vint au-devant de la belle enfant, lui prit la main, la regarda tendrement. C'était la première fois qu'il s'apercevait qu'elle était jolie; il avait fallu le lui dire.

— Vous avez bien chaud, ma chère Aline, lui dit-il en l'entraînant vers un canapé.

Elle ne put répondre, tant elle était émue.

— Je serais bien heureux, reprit Victor, si je pouvais attribuer cet empressement à l'intérêt que vous prendriez à moi.

Et il passait un de ses bras autour de la taille de la jeune fille, qui tremblait et tenait ses yeux baissés. Victor avait pris dix baisers avant qu'elle songeât à se défendre. Il lui prit la main, la plaça sur son cœur et dit :

— Aline, il ne battra que pour vous, si vous y consentez.

Il mentait, le grand réformateur, et il ressemblait fort en ce moment aux gens contre lesquels il avait tonné tant de fois, et avec lesquels il était en guerre. Il mentait, et cela eût été facile à voir pour toute autre qu'Aline ; mais la pauvre fille avait tant besoin de prendre ce mensonge pour une vérité, ces paroles lui faisaient tant de bien ! elle était si impatiente de se donner, qu'il lui fut impossible de se contenir plus longtemps.

— Oh ! s'il suffit de dire *je veux*, je le dirai, Victor ; oui, je le veux, car je vous aime... Oh ! que ce mot-là me fait de bien !.....

De grosses larmes coulèrent sur

ses joues; mais c'étaient des larmes de plaisir.

— Et vous serez à moi !

— Toujours ! toujours !..... mon Dieu ! je vous remercie !

Alors, et pour la première fois depuis qu'il était à Paris, Victor oublia madame de Vernance ; il oublia ses chagrins passés, la honte du présent, les dangers de l'avenir; il oublia le ciel et la terre... Oh ! qu'on lui pardonne ! Aline était si jolie ! elle aimait tant, et elle le prouvait si bien !...
. . . .

— Quand je vous assurais, disait

Julien, quelques jours après, que ça vous donnerait de la gaîté!

— Mais qui te dit.....

— Tiens! n'allez-vous pas faire la petite bouche à présent? Sacrédieu! il n'y a pas de quoi être honteux, et ça serait plutôt le cas de se vanter... Comme si on ne voyait pas qu'elle ne vous quitte plus!.... et comme elle se gêne pour vous embrasser! Oh! c'est qu'elle y va bon jeu, bon argent....

— Il est vrai que j'aurais tort de me tenir sur la réserve avec mon meilleur ami... C'est vrai, Julien;

cette femme me rend la vie plus douce; quand je suis près d'elle, le genre humain me paraît moins horrible... Et pourtant, mon ami, la place est prise, et Aline ne remplacera jamais ma Lucie.

— Ah! bah! c'est des enfantillages. Les absens doivent nécessairement finir par avoir tort. Encore quelques nuits, et vous ne penserez plus à votre baronne.

— Cela est possible; car c'est surtout dans notre profession qu'on ne peut compter sur le lendemain.

—Ne dites donc pas de ces choses-là, monsieur Victor; si Aline vous entendait, il y aurait de quoi la faire pleurer pendant deux jours. Quant à votre baronne, ça ne doit pas être la mer à boire ; et quand je pense que vous êtes maintenant assez riche pour acheter une princesse, si c'était votre fantaisie, je ne vois pas pourquoi... Et tenez, je parierais qu'elle n'est pas aussi jolie que la fille de Guillaume.....

— Assez, Julien ; point de comparaisons de cette nature ; il y a un abîme entre ces deux femmes.

— Comme vous voudrez, alors ; mais sa....dieu ! vous ne m'empêcherez pas de croire que celle-ci vous aime cent fois plus que l'autre.

Julien avait raison; Aline aimait le jeune Plantard de toute la puissance de son âme, et elle devenait chaque jour plus jolie; car le bonheur embellit, et elle était si heureuse! Elle ne quittait presque plus le domicile de son amant; elle l'accompagnait dans ses expéditions, et partageait ses dangers.

— O mon Victor! lui disait-elle en joignant les mains, quand il lui représentait qu'elle s'exposait inutilement, je souffrirais tant loin de toi!... Laisse-moi te suivre; je serai ton ange gardien... je te protégerai, je te défendrai... Ne ris pas, bon ami; tu ne sais pas de quoi est capable une femme qui aime comme moi... Au nom de Dieu! laisse-moi t'aimer... laisse-moi te le dire tous les jours, te le prouver de toutes les manières....

Cette femme cependant était ce qu'on est convenu d'appeler une fille perdue, une courtisane de bas étage.. Mais combien y a-t-il de femmes qui ne soient ou qui n'aient été quelque peu courtisanes dans leur vie? et combien, parmi elles, en trouverait-on qui fussent capables de se faire pardonner leurs faiblesses par tant d'amour?....

Des cerveaux malades se sont avisés de déclarer que comprimer les sentimens les plus naturels, faire taire la voix si puissante de la nature, mettre le mors et la bride aux désirs que le Créateur a jetés dans les âmes, assujétir l'amour, ce feu du ciel, à des formes stupides, ridicules, atroces, perturbatrices de l'ordre et de l'harmonie; des cerveaux étroits ou malades, dis-je, ont déclaré que ce serait là faire preuve de vertu, et que nul ne serait vertueux qu'autant qu'il admettrait ces principes et respecterait ces billevesées; ils ont proclamé cela, et ils ont fabriqué une morale là-dessus; et par la raison qu'un sot ou un fou ne manque jamais d'admirateurs, on admira ces gens-là, on applaudit leur système, et..... et ma foi, on fit des enfans comme par le passé, et on eut raison; mais on méprisa et on damna ceux et celles qui en firent sans avoir rempli les formalités préalables, et ont eut tort.....

Or, très-vertueux lecteur, ce que je vous dis là n'est pas mon opinion, gardez-vous de le croire; mais c'était celle de Victor le réformateur.

Il cherchait à se prouver qu'il avait bien fait de prendre pour maîtresse une fille de joie qui l'aimait, et il faut convenir qu'il réussissait assez bien à se prouver cela. Cette fille l'aimait avec fureur, et il trouvait que c'était bien; depuis qu'elle l'aimait, elle n'aimait que lui, et il trouvait que cela était suffisant; elle était jolie, bonne, sensible, tendre, bienfaisante, et il trouvait qu'à tout prendre, c'était une maîtresse fort passable. C'est que, voyez-vous, Victor était un garçon fort raisonnable; il n'y avait que manière de le prendre.

CHAPITRE VII.

Les Pauvres.

—

Tout marchait le mieux du monde dans la singulière république dont Plantard était le président ; les sociétaires augmentaient tous les jours ; la réforme allait bon train, faisant sans pitié ni miséricorde main-basse sur le bien d'autrui. Le dévouement et la tendresse d'Aline adoucissaient le chagrin que la perte de madame de Vernance causait à Victor ; car maintenant le pauvre garçon avait perdu jusqu'à l'espérance de revoir la baronne. Et puis on employait si bien le temps dans la république ! on menait si joyeuse vie ! on s'enivrait à souhait de tant de voluptés, que, ma foi, il eût fallu être bien difficile pour n'être pas content. Il est vrai que de temps à autre quelques membres de la société avaient maille à partir avec la justice, qui n'était pas du tout partisante de la réforme, et qui traitait assez rudement les réformateurs qu'elle trouvait en flagrant délit de réformation; mais quelle médaille est sans revers? D'ailleurs, les secours et les soins ne manquaient pas aux sociétaires qui avaient le malheur de tomber sous les griffes de l'autorité : on ne négligeait rien pour les rendre à la liberté, et à défaut d'évasion possible, l'or, ce baume salutaire, était toujours là pour adoucir leurs souffrances.

— Il faut bien nous résigner à

souffrir, disait souvent le président;
nous souffrirons tant que nous ne
serons pas les plus forts, et cela
pourra bien être long. On ne fait
pas un monde en un jour; on ne
réforme pas aisément une morale
soutenue par un million de baïonnettes bien emmanchées de vigou-
reux gaillards, soutenue par des
prisons, des cachots, des bagnes,
des guillotines, des prêtres et plusieurs dixaines de millions de brutes : patience et longueur de temps
font plus que force et que rage; et
quand nous ne ferions que préparer la voie à nos successeurs, notre
part serait encore assez belle.

Et chacun trouvait ce raisonnement d'autant plus juste, cette doctrine d'autant plus saine, que l'eau continuait à venir au moulin, et qu'il n'y avait absolument qu'à se baisser pour en prendre. On est nécessairement optimiste quand on ne manque de rien, et que l'on peut satisfaire ses désirs et ses fantaisies, même les plus extravagantes. Une telle manière de vivre n'annonçait pas que nos réformateurs fussent très-conséquens à leurs principes d'égalité; mais ils avaient le bon esprit d'admettre l'exception, et il était convenu que chacun des membres ferait exception, tant que la règle ne serait pas généralement adoptée. Toutefois, cela n'empêchait pas qu'une grande partie de l'or enlevé aux riches ne passât aux mains des pauvres. Victor veillait à ce qu'il en fût ainsi, et déjà bien des misères avaient disparu par ses soins, bien des infortunés avaient été rendus à la vie au moment où le désespoir allait les en faire sortir violemment. Victor et Aline étaient insatiables de bienfaisance; leurs plus heureuses journées étaient celles qu'ils passaient à chercher des pauvres dans les greniers, dans les carrefours, dans les prisons, dans les dépôts de mendians, dans tous ces

lieux immondes, horribles créés par
la civilisation, enfantés par cette
morale de mensonge, élevés par ce
hideux et sale égoïsme, chancre rongeur qui maintenant a pénétré jusqu'aux entrailles de cette société
pourrie, à laquelle il ne restera bientôt plus ni force morale ni force
physique, de cette société qui tombe
en lambeaux et se détraque de toutes parts. — Que mettra-t-on à la
place de ce qui s'en va? Je n'en sais
rien; mais ce que je sais, c'est qu'il
est raisonnable de vouloir changer
quand on a reconnu l'impossibilité
d'être pis. Victor était un fou, un
écervelé, un homme dangereux, un

chef de bandits.... Qui l'avait fait tout cela, lui bonne et douce créature? la société; il lui voulait rendre le mal qu'elle lui avait fait : elle avait voulu le faire périr de misère, et il entreprenait de la tuer à coups d'épingle, n'ayant pas d'autres armes; elle l'avait fait mauvais, il voulait la rendre bonne; c'était pitié qu'un mirmidon se mesurant ainsi à un géant; mais le mirmidon avait une puissante force de volonté, et le géant avait la gangrène au cœur.

Jusqu'alors Victor n'avait eu pour ainsi dire que des succès, ses revers, presque insignifians, se bornaient à la séquestration de quelques-uns de ses compagnons; mais il devait être mis à de plus rudes épreuves. Un soir que, avec Aline, il revenait de l'Opéra, il leur prit la fantaisie de faire, sur les boulevarts, une promenade au clair de la lune; le temps était si beau, la nuit si calme, la fraîcheur si agréable!... et puis ne pouvaient-ils rencontrer quelques malheureux sans asile? Et c'était particulièrement à ceux-là que Victor aimait à donner son or; c'est qu'il se rappelait cette nuit terrible où, mourant de faim et de fatigue, il n'avait trouvé pour tout secours que les injures d'un gendarme, les menotes, la prison ; et cette pensée faisait saigner son cœur en même temps qu'elle nourrissait sa haine contre un monde si horriblement organisé.

Déjà ils avaient marché assez longtemps, et, parvenus jusqu'à l'emplacement de la Bastille, ils s'apprêtaient à revenir sur leurs pas, lorsqu'un jeune homme sortant brusquement d'une petite rue voisine du boulevart s'élance vers Plantard, en criant :

— La bourse ou la vie !

— Diable ! dit Victor que l'habitude du danger avait rendu intrépide, diable! il paraît que nous ne manquons pas de concurrens; mais, mon ami, tu fais mal ton métier : je voudrais bien savoir à l'aide de quoi tu prendrais ma vie si je te refusais ma bourse?....

En effet, le jeune homme dont la lune permettait de voir le visage pâle et décomposé, la taille grêle, les bras nus, et le reste du corps à peine caché sous quelques lambeaux, ce personnage, dis-je, était sans armes; et comme si le peu de paroles qu'il venait de prononcer eût usé toute l'énergie dont il était susceptible, au lieu de répondre, il chancela et tomba sans connaissance aux pieds des amans.

— Pauvre enfant! dit Aline, tu l'as trop effrayé.

— Je m'en repens, bonne Aline; mais le mal n'est peut-être pas difficile à réparer.

Tous deux s'empressèrent de soulager ce mendiant de nouvelle espèce, qui, grâce au flacon que portait Aline, reprit bientôt l'usage de ses sens.

— N'ayez aucune crainte, mon

ami, lui dit Victor dès qu'il put entendre; nous ne vous ferons point de mal. Nous voulons au contraire vous soulager. Qui êtes-vous? où demeurez-vous ?... Tenez, voici ma bourse, elle est bien garnie, et je ne m'en tiendrai pas là...

— O! mon Dieu! mon Dieu! est-ce que je rêve.

— Non, non; vous avez trouvé des amis, de bons amis; vous ne souffrirez plus : la faim ne vous tourmentera plus; vous serez vêtu et vous aurez un gîte....

— Adélaïde... mon père... mes

pauvres enfans... il faut qu'ils mangent d'abord eux... mon père... je l'ai laissé mourant ; mes enfans n'avaient plus la force de crier.. moi... je suis devenu fou... oui, je sens que je suis fou... ayez pitié de moi...

— Allons, reprenez courage ; vous voyez bien que nous n'avons ni la volonté ni le pouvoir de vous faire du mal. Conduisez-nous chez vous.

— C'est donc la Providence qui vous envoie ?

— Qu'importe... Si la Providence

est chargée d'empêcher les hommes de souffrir, elle s'acquitte bien mal de son mandat. Ne nous occupons pas d'elle qui s'occupe si peu de nous.

Victor soutenait le jeune homme d'un côté, Aline le soutenait de l'autre, et l'on arriva bientôt dans une petite rue sombre, étroite, sale, infecte, de ces rues qui semblent bâties tout exprès pour donner de la pâture aux épidémies. Le mendiant poussa une porte basse et cintrée, et tous trois se trouvèrent au pied d'un escalier.

—Au sixième, dit le jeune homme;

je n'aurai jamais la force de monter jusque là...

— Asseyez-vous sur la première marche, dit Victor; il n'est que minuit, et je parviendrai sûrement à me procurer quelques provisions.

Il courut aussitôt vers la Place-Royale, et Aline qui craignait que le moribond ne s'évanouît de nouveau, s'assit près de lui et lui tint constamment le flacon sous les narines.

Victor ne fut pas dix minutes absent; il semblait à Aline qu'il s'était écoulé un siècle.

— Tenez, dit Plantard qui s'était muni d'une bougie, buvez un peu de vin.... lentement, plus lentement.,... vous mangerez après, mais peu... Pouvez-vous monter maintenant ?

Le jeune homme se leva, saisit la main de son généreux bienfaiteur qu'il appuya sur son cœur, et recueillant ses forces, il monta avec tant de rapidité, que les deux amans ne le suivirent qu'avec peine. Arrivés sous les combles, ils franchirent le seuil d'un porte restée ouverte, et le tableau le plus hideux, le plus déchirant vint frapper les regards de Victor et de sa maîtresse. Dans un grenier de vingt pieds carrés, gisait pêle-mêle sur quelques brins de paille pourrie, trois enfans, dont un à la mamelle, une jeune femme et un vieillard. La femme essaya vainement de se lever; le plus âgé des enfans broyait de la paille sous ses dents, et les deux autres attachés aux seins de leur mère faisaient de vains efforts pour obtenir quelque aliment de cette source épuisée. Quant au vieillard, roulé dans un lambeau de couverture, il était immobile. Ce fut de lui que Victor s'approcha d'abord, tandis qu'Aline secourait la jeune femme. Il souleva le vieillard, lui adressa quelques paroles de consolation, et essaya de lui faire avaler un peu de vin.

— Il est mort, dit la jeune femme qui était parvenue à se mettre sur son séant; il y a déjà long-temps que je l'ai entendu rendre le dernier soupir : Dieu a eu pitié de lui.

— Mon père! s'écria le jeune homme en s'élancant vers Victor.

Et en effet, Plantard venait de reconnaître que le cœur ne battait plus, et que les extrémités étaient froides! déjà même la raideur commençait à se manifester. Victor laissa retomber le cadavre, lui mit sur le visage le fragment de couverture, et entraîna le jeune homme à l'autre extrémité du réduit.

— Il fallait une victime à cette horrible nécessité, dit-il, et c'est votre père qu'elle a choisi... Songez que vous êtes homme, et que vos enfans ont besoin de vous.

Et il lui montrait l'aîné de ses fils qui achevait de dévorer un morceau de pain et un quartier de volaille; la mère mangeait aussi; et les jeunes enfans buvaient un peu d'eau sucrée en attendant qu'on pût leur faire prendre quelque chose de mieux. Le jeune père de famille se jeta sur une mauvaise chaise qui était la pièce la plus importante du mobilier, et des larmes abondèrent, coulèrent sur son visage. Ce ne fut que plus d'un heure après qu'il lui fut possible d'apaiser par un peu de nourriture les douleurs aiguës qui lui déchiraient les entrailles.

Aline et Victor passèrent toute la nuit au milieu de cette malheureuse famille ; ils voulurent savoir ce qui l'avait plongée dans une misère si épouvantable.

— J'étais ébéniste, dit le chef de la famille, je travaillais et nourrissais ma famille avec les cinquante sous que je gagnais. Cinquante sous pour six personnes, c'était bien peu; mais le pain n'était pas cher et il y en avait pour tout le monde; mais, il y a six mois, je tombai malade, il fallut aller à l'hôpital; ma femme qui relevait de couches ne pouvait travailler, on s'en prit au mobilier; tout ce qu'on put enlever fut vendu; le propriétaire s'empara du reste pour garantie de deux termes, et il mit ma femme et mes enfans sur le pavé. Mon père les recueillit; il s'était fait commissionnaire et vivotait; pendant quelque temps, il partagea le pain qu'il gagnait; mais advint une ordonnance de police qui défendait à tout individu d'exercer la profession de commissionnaire, s'il n'en avait préalablement obtenu la permission de l'autorité; or pour obtenir cette permission, il fallait pétitionner, et cela coûte cher; il fallait être protégé par un commissaire, et cette protection ne s'obtient pas aisément; il fallait enfin recevoir une médaille de la préfecture, et la payer douze francs. Le pauvre homme se mit en quatre, battit le pavé pendant plusieurs jours, et ne put parvenir à remplir les conditions exigées. Ce fut justement dans ce moment là que je sortis de l'Hôtel-Dieu; mais on était alors dans la morte-saison, l'ouvrage manquait tout à fait, et lorsque, après six semaines, je parvins à en trouver, j'étais si faible que je ne pouvais presque rien faire. On me renvoya.... Oh! c'est depuis ce moment surtout que nous avons souffert!... Que de jours passés sans pain, et de nuits sans sommeil!... Quelques voisins, presque aussi pauvres que nous, nous secoururent de temps en temps; mais cela était à peine suffisant pour nous empêcher de mourir. Enfin, il y avait deux jours que je n'avais absolument rien mangé, lorsque, hors de moi, n'ayant plus la faculté de penser, je me suis présenté à vous....

— O bien heureuse civilisation ! s'écria Victor, qu'on a bien raison de chanter tes louanges et de vanter tes bienfaits !... Là bas un scélérat qui regorge de biens, et ici une honnête famille qui meurt d'inanition ! Vos maux sont finis, mon ami ; employez aujourd'hui l'argent que je vous ai remis à vous loger convenablement; je reviendrai vous voir demain, et désormais vous n'aurez plus à craindre de mourir de faim.

Ils sortirent comblés de bénédictions de la pauvre famille, et Victor, plus convaincu que jamais de la nécessité de réformer le monde, songea aux moyens dont il pourrait user pour obtenir des compensations suffisantes à tant de maux.

CHAPITRE VII.

Le Danger des Compensations.

Il y avait chez Victor assemblée générale des membres de la société auxquels le président devait faire une communication importante.

— Mes amis, dit-il lorsque tout le monde fut réuni, le peu de bien que nous avons fait jusqu'à présent est imperceptible, en raison des maux qui écrasent l'humanité. Nous n'avons fait que casser quelques vitres, et c'est par la base qu'il faut saper l'édifice. Nous avons pris çà et là quelque peu d'or aux égoïstes qui en avaient trop ; mais qu'y a-t-il de plus égoïste que le pouvoir qui prend de préférence dans la poche du pauvre, auquel il ne donne en échange de son argent que des lois absurdes, une protection ridicule, et de l'arbitraire à profusion ? C'est la sueur du malheureux qui remplit les coffres de l'Etat, et j'ai résolu de faire retourner à sa source une partie de cette sueur. Le trésor national, je le sais de bonne part, regorge de numéraire ; avec de la résolution, ce trésor peut être à nous avant vingt-quatre heures.

— De la résolution, dit Julien, vous savez bien que ce n'est pas ce qui nous manque ; mais prendre le trésor national, ça me paraît fort : sentinelles à l'extérieur, portes sur portes, verroux sur verroux, serrures de toute nature et de toutes façons, gardiens qui ne dorment que d'un œil...

— Pardieu! Julien, je sais cela pour le moins aussi bien que toi; j'ai prévu toutes les difficultés, et je suis fondé à croire qu'elles ne sont pas insurmontables.

— Ça serait un beau coup, dit Guillaume, si beau que je n'aurais jamais osé y penser. D'abord, nous ne pourrons arriver à aucune issue sans être obligés de répondre au *qui vive*.

— Et si l'on ne crie pas!

— Ah! c'est une autre paire de manches : supposons que le factionnaire sera sourd et aveugle...

— Il sera tout ce que je voudrai, car ce factionnaire sera vous.

— Moi ?

— Oui, vous, Guillaume, à moins que vous ne vous y refusiez ; et Julien sera le caporal qui vous placera en faction. Dans deux heures, j'aurai les uniformes et les armes nécessaires. Je serai l'officier qui vous commanderai. J'ai payé le mot d'ordre dix mille francs ; et depuis midi le poste du Trésor boit le vin que je lui ai envoyé au nom du ministre, dont c'est aujourd'hui la fête.... Comprenez-vous maintenant ?

— Je comprends, répondit l'un des plus anciens, que nous nous attaquons là à forte partie. Que l'on dépouille de simples particuliers, le gouvernement s'en moque; mais qu'on s'en prenne à l'argent du gouvernement lui-même, ça n'est pas la même chose. La police mettra tout sens dessus dessous ; on fera des battues générales, des perquisitions partout; nous serons traqués, cernés, arrêtés, guillotinés...

— Et pensez-vous que l'on puisse réformer le monde sans courir le moindre risque? Je n'ai plus qu'un mot à dire; nous serons trente bien armés, et il y a vingt millions de francs à prendre. Maintenant je vais mettre aux voix la proposition.

Malgré les dangers que présentait l'expédition, les plus timides furent entraînés; les vingt millions triomphèrent de toutes les irrésolutions, et il fut décidé à l'unanimité que le projet serait exécuté. Tout le monde mit la main à l'œuvre, et les préparatifs furent bientôt terminés.

Pendant ce temps, le poste du Trésor était dans la jubilation; au

Macon avait succédé le Bordeaux, et au Bordeaux le Champagne.

— Cré coquin! disait un sergent, faut convenir que le citoyen ministre est un lapin soigné, qui entend joliment les affaires du gouvernement de la nation... A la santé du citoyen ministre!

— Mes amis, disait le lieutenant, cela vous prouve que tôt ou tard le véritable mérite trouve sa récompense... Gardons-en dix bouteilles pour demain..... Le citoyen ministre n'ignore pas que les braves de la cinquante-deuxième ne sont pas manchots, et que le véritable courage peut avoir besoin d'être retrempé... Je propose de boire à la santé de la république, et à l'extermination de ses ennemis...

Et en attendant qu'on exterminât les ennemis, c'était aux bouteilles qu'on faisait la guerre, et une guerre si active, que, vers la fin du jour, officier, sergent, caporaux et soldats ronflaient à poings fermés; les sentinelles même dormaient l'arme au bras. Il devenait indispensable de relever le poste.

D'un autre côté, Victor et les

siens, équipés de pied en cap, et le fusil sur l'épaule, attendaient le moment d'agir. On avait en quelque sorte forcé le vieux David à être de la partie; il devait, en sa qualité de serrurier, surmonter les difficultés qu'on n'avait pu prévoir, et il s'était muni pour cela de tous les instrumens nécessaires : pince, limes, tourne-vis, etc., tout était en bon état et de première qualité.

A dix heures du soir, tous le associés sortirent l'un après l'autre, afin de ne pas éveiller l'attention des voisins; ils se réunirent près du Palais-Royal, se mirent sur deux rangs, et marchèrent en bon ordre. Le citoyen ministre avait été si bien fêté, on avait porté tant de santés avec le vin envoyé en son nom, que le factionnaire le plus voisin de la porte du corps-de-garde dormait dans sa guérite. Victor pénétra, l'épée à la main, jusqu'à la chambre de l'officier, qui dormait dans son fauteuil de cuir, et qu'il eut beaucoup de peine à réveiller.

— Lieutenant, lui dit-il, je suis fâché du malheur qui vous arrive, mais vos hommes sont tellement ivres, qu'on a jugé indispensable de vous rappeler. Je vais faire relever

9*

les sentinelles, et vous pourrez partir sans bruit, sans que le public soit mis dans la confidence... Je vous donne ma parole d'honneur que mon rapport vous sera favorable; mais il est indispensable, pour cela, que tout se passe à bas bruit.

Bien que les fumées du champagne troublassent encore quelque peu le cerveau du lieutenant, il sentit toute la gravité de sa situation, et comprit que la moindre résistance l'aggraverait encore.

— Que le diable emporte cet animal de ministre! s'écria-t-il. Il a de fameux vin, c'est vrai, et il n'en est pas chiche; mais il devrait choisir son temps... La sottise est faite, il faut la boire...

Aidé des nouveaux venus, il parvint à réveiller tout le monde; les sentinelles furent relevées, le mot d'ordre échangé, et au bout d'un quart d'heure le poste était au pouvoir des soldats de nouvelle fabrique à l'aide desquels Victor espérait mener à bonne fin l'entreprise la plus audacieuse qu'eût jamais conçue le cerveau d'un chef de bandits.

—Tout va bien, mes amis, disait-il ; maintenant le succès est assuré ; les vingt millions sont à nous, et vingt millions sont un sauf-conduit à l'aide duquel on va où l'on veut avec la certitude d'être bien reçu partout.. Prends la lanterne, Julien, il est temps d'arriver au dénoûment. Nous aurons le temps de nous reposer quand la farce sera jouée.

Il sortit à bas bruit, suivi de la moitié de son monde, armée seulement de sabres et de baïonnettes, et tenant entre deux rangs le père David et ses outils. On pénétra aisément dans les bureaux, attendu que les sentinelles avaient ou devaient avoir les meilleures raisons pour ne rien dire; mais il n'en était pas ainsi des gardiens qui, couchés dans le lieu même où étaient déposées les espèces, ne pouvaient manquer d'être sur le qui vive au moidre bruit.

On arriva bientôt à la porte principale.

— Allons, papa David, dit Victor, il s'agit de nous faire passage sans éveiller le chat qui dort.

— Eh! eh! ça n'est pas aussi facile que vous l'imaginez, mon cher maître... Jour de Dieu! il ne s'agit pas ici de casser une porte en l'absence des locataires !...

— Il s'agit de nous liver passage, David; le reste ne vous regarde pas... A la besogne, mille dieux !.. Il y va de votre vie aussi bien que de la nôtre; n'oubliez pas cela, David !... Et si l'un de nous y allait par votre faute..... Mais marche donc, vieux rêtre !...

David déposa sur le parquet le paquet de clés et de rossignols dont il était chargé, puis il examina la serrure, choisit l'outil convenable, et en deux secondes la porte fut ouverte. Une autre se présenta, et il y eut, cette fois, de sérieuses difficultés à vaincre, car, indépendamment de la serrure, des verroux intérieurs rendaient indispensable l'emploi de la pince. David n'était pas fort, et Victor était trop impatient pour prendre toutes les précautions nécessaires. Il saisit donc lui-même la pince, l'introduit dans la jointure, et fait usage de toutes ses forces : la porte s'ébranle, le bois éclate ; mais les ferrures ne cèdent pas. — Au même instant, une voix formidable, partie de l'intérieur, fait entendre ces cris : *qui est là ? au voleur ! sentinelles, à moi !*

Le danger était pressant; la porte résistait toujours. Victor changea aussitôt de batteries, et il cria de toutes ses forces :

— Au nom de la loi, je vous arrête!... Ouvrez!... Portez armes! croisez la baïonnette..... Ouvre donc, misérable! veux-tu forcer de braves militaires à enfoncer les portes à coups de fusil?

Le gardien ne concevait rien à ce singulier événement : qu'avait-il fait? de quel crime l'accusait-on? pourquoi venait-on l'arrêter au milieu de la nuit? C'étaient là toutes questions qu'il lui était impossible de résoudre d'une manière satisfaisante; et malgré cela, ou peut-être à cause de cela, il hésitait, faisait un pas en avant et deux en arrière. Le silence durait depuis quelques secondes, lorsque Victor, sentant tout le danger de sa position, et la nécessité d'en sortir promptement, s'écria de nouveau :

— Grenadiers, en avant! et pas de quartier?

— Grâce! grâce! s'écria à son tour le gardien, qui ne voyant et n'entendant personne venir à son aide, reconnaissait l'inutilité de la résistance.

— Ouvre donc, coquin !

Ces paroles étaient à peine prononcées, lorsque la porte s'ouvrit. Victor entra le premier, s'empara du gardien, le bâillonna ; puis les caisses furent enfoncées, chacun y puisa à pleines mains ; on mit de l'or dans les poches, dans les chapeaux, dans les souliers, dans les bas, dans le devant des chemises et dans les basques des habits ; pourtant il en restait encore ; vingt millions ! cela ne se cache pas dans un bas de soie.

— En route, en route! dit Victor lorsqu'il vit tout son monde chargé d'or.

— Eh! mon cher maître, dit le vieux David, qui donc emportera le reste?

— Le diable, si cela lui plaît, ou toi, si tu es assez fort...

— Mon bon Dieu! je crève sous le poids!...

—Marche donc, vieux cancre; que n'as-tu amené une voiture pour charger ta part de butin?

— Ma foi, disait Julien, on a bien raison de dire : au dernier les bons... En voilà des jaunets ! Dieu de Dieu ! vive l'équilibre !... Moi, je me fais duc et pair, prince, maréchal, sénateur ou pape... Je veux que tous les pauvres aient dix mille francs de rente...

— Tais-toi donc, imbécile, interrompit Victor; il s'agit bien de ce que tu veux être ou de ce que tu veux faire! Marche, marche donc! sac...dieu!... Eh bien! vous autres, avez-vous envie de coucher ici?.... J'entends du bruit!...... nous sommes perdus!... sauve qui peut! les fenêtres sont larges, et tous les chemins sont bons... Quant à moi, je reste à l'arrière-garde...

Victor avait deviné juste; depuis dix minutes la trésorerie était envahie par plusieurs centaines de soldats. L'expédition philantropique des sociétaires de l'équilibre avait été évantée par les soldats, qui, gorgés de vin et battant les murailles, étaient retournés à leur caserne. Le colonel avait voulu se faire expliquer cet événement; la fête du ministre lui parut une fable; le vi de Champagne fut trouvé suspect et il ne tarda pas à être convaincu qu'il y avait là-dessous quelque complot ou machination dont la découverte ne pourrait manquer de lui faire honneur. Une compagnie tout entière est commandée; le colonel se met à la tête, et se dirige en hâte vers le Trésor. Les soldats de la fabrique de Plantard, restés au poste, essayèrent d'abord de faire bonne contenance; mais les questions du colonel ne tardèrent pas à les embarrasser, en même temps que le nombre des soldats qui les cernaient de toutes parts leur ôtait l'espoir de résister avec succès.

—Bas les armes ! coquins, cria le colonel.

Ce fut le signal de la retraite et de la confusion; sabres, fusils, gibernes, volèrent de tous côtés; les plus intrépides se firent jour à travers les rangs; les autres les suivirent, et il se trouva qu'en définitive le colonel n'avait pris que des armes en mauvais état et des gibernes vides. Ce n'était pas son compte; il courut aux factionnaires.... il n'en restait pas un.... Déjà il revenait avec les siens vers le poste abandonné, lorsqu'un homme lui tombe presque sur les épaules; il se retourne, deux, trois, quatre, prennent le même chemin, tombent, se relèvent et disparaissent. Le colonel ordonne de les poursuivre, tandis qu'à la tête d'une partie des siens, il pénètre dans l'intérieur. Tout le monde avait disparu, et Victor lui-même se disposait à sauter par la fenêtre, lorsque dix soldats se jetèrent sur lui.

— Colonel, dit-il fort tranquillement, vous êtes arrivé un peu tard; ma capture ne vaut pas vingt millions.

— Je crois que le brigand ose plaisanter!

— Laissons les mots, colonel, et occupons-nous des choses. Si vous consentez à me mettre en liberté à l'instant même, je prends l'engagement de restituer à l'état moitié de la somme énorme qui vient d'être enlevée par mes amis; l'autre moitié devant être employée en compensations...

— Bon, bon! nous aurons bientôt le vol et les voleurs.

— Vous croyez? Je réponds, moi, que vous n'aurez, ni l'un ni les autres. Et puis, je vous prie, ne parlez pas si légèrement de gens que vous ne connaissez point. Nous ne sommes pas ce que vous croyez; nous sommes les protecteurs du pauvre que l'état et la société dépouillent; nous tâchons de leur rendre par notre adresse ce qu'on leur enlève par la force; c'est un système de compensation.

— Et avec ce beau système, mon drôle, tu iras à la place de Grève.

— Belle misère ! comme s'il ne valait pas autant mourir que de vivre dans cette atmosphère d'égoïsme et de sottise...

Quelques coups de crosse forcèrent Victor à se taire; il ne trouva pas qu'il y eût compensation, et il se laissa conduire en prison sans proférer un mot.

Jamais la société n'avait éprouvé d'aussi grands revers; les millions que lui valait cette expédition n'étaient rien en comparaison de la perte qu'elle faisait. L'affliction était sincère et générale. La nouvelle de ce malheur fut un coup de foudre pour Aline : Victor prisonnier! Victor passant de la prison à l'échafaud! cette pensée la tuait. D'abord elle fut morne et silencieuse, puis sa douleur s'exprima par des sanglots et des pleurs; puis enfin, des pensées nobles et généreuses surgirent dans son cerveau. Elle savait que l'amour peut faire des miracles; et quel cœur renfermait plus d'amour que le sien?

— Oh! oui! oui! je le sauverai! s'écria-t-elle en joignant les mains et levant vers le ciel ses beaux yeux pleins de feu. Le sauver et mourir, mon Dieu! je n'en demande pas davantage.

Puis elle se recueillit, tomba à genoux, et passa toute une nuit en prière. Au point du jour, son parti était pris, son projet arrêté. Elle ne pria plus, elle cessa de pleurer; un sommeil réparateur lui rendit toute sa fraîcheur. Elle se réveilla en souriant, passa deux heures à sa toilette, ne négligea rien de ce qui pouvait l'embellir; et, après s'être parfumée, avoir regardé dix fois dans la glace, essayé son coup d'œil, son sourire, et toutes ces armes dont les femmes se servent si adroitement, elle sortit.

FIN DU DEUXIÈME VOLUME.

TABLE DES CHAPITRES

CONTENUS DANS LE SECOND VOLUME.

Chap. Ier. Le Désespoir. 1
— II. Un Ami. 27
— III. Un Voleur. 51
— IV. L'Association. 73
— V. Une Charte. 103
— VI. Une fille. 139
— VII. Les Pauvres. 165
— VIII. Le Danger des Compensations. 191

FIN DE LA TABLE.